Viola Braun/Laura König/Anton Walcher/
Stephan Warncke/Herbert Scheithauer

Fairplayer.Manual – Klasse 5–6

Förderung von sozialen Kompetenzen –
Prävention von Mobbing und Schulgewalt

Praxismanual für die Arbeit in Schulklassen

Mit 25 Abbildungen

Vandenhoeck & Ruprecht

Download des Zusatzmaterials unter:
www.vandenhoeck-ruprecht-verlage.com/fairplayer-manual-5-6
Code: Fwn8Pe

Bibliografische Information der Deutschen Nationalbibliothek:
Die Deutsche Nationalbibliothek verzeichnet diese Publikation in der
Deutschen Nationalbibliografie; detaillierte bibliografische Daten sind
im Internet über http://dnb.de abrufbar.

Umschlagabbildung: Fotolia: Patryssia, bearbeitet durch banane design – raumzeitmedia Design & Marketing GmbH

Satz: SchwabScantechnik, Göttingen
Druck und Bindung: ⊕ Hubert & Co. BuchPartner, Göttingen
Printed in the EU

Vandenhoeck & Ruprecht Verlage | www.vandenhoeck-ruprecht-verlage.com

ISBN 978-3-525-40391-4

Inhalt

Vorwort

Liebe Leserin, lieber Leser,
herzlichen Dank für Ihr Interesse am Fairplayer.Manual für die 5. und 6. Jahrgangsstufe. Dieses Manual ist nicht zuletzt dank der Initiative von vielen in der Praxis tätigen LehrerInnen und SchulsozialarbeiterInnen entstanden: Aufgrund der starken Nachfrage aus der Praxis nach einer Version von Fairplayer.Manual für jüngere Schülerinnen und Schüler, haben wir uns, ermöglicht durch die finanzielle Unterstützung unseres langjährigen Förderers, der Deutsche Bahn Stiftung, für die Entwicklung einer modifizierten Version von Fairplayer.Manual für Jugendliche im Alter von 9 bis 12 Jahren entschieden. Herzlich willkommen zu dieser Version von Fairplayer.Manual!

Im vorliegenden Manual zeigen wir Ihnen die Arbeitsschritte von Fairplayer.Manual für die 5. und 6. Jahrgangsstufe und stellen Ihnen ergänzende Materialien und Übungsvorschläge vor, die Ihnen bei der Vorbereitung und Durchführung des Programms helfen sollen.

Das vorliegende Manual ist eine Ergänzung zum Fairplayer.Manual – Klasse 7–9 (Scheithauer, Walcher, Warncke, Klapprott u. Bull, 2019) und baut auf den dort beschriebenen Grundlagen zu den Themen Mobbing, Schulgewalt und Zivilcourage in der Schule auf. Für die Arbeit mit dem nun vorliegenden Praxismanual für die 5. und 6. Jahrgangsstufe ist es hilfreich, das eben erwähnte Manual für die Arbeit mit Jugendlichen einzubeziehen, da dort wesentlich detaillierter die Entstehung, Ursachen, Dynamiken und Folgen von Mobbing erklärt und in einen schulprogrammatisch agierenden Präventionsansatz eingeordnet werden.

Wir hoffen, dass Sie mit diesem Arbeitsbuch darauf aufbauend auch für die 5. und 6. Jahrgangsstufe viele Anregungen finden werden und wünschen Ihnen für die Durchführung gutes Gelingen und viel Freude! Sollten Sie zu den Unterlagen oder zum konkreten Vorgehen Fragen haben, können Sie sich gern mit uns per Email an fairplayer@zedat.fu-berlin.de in Verbindung setzen. Weitere Informationen zu Fairplayer, Veranstaltungshinweise, wichtige Links und Ansprechpartner finden Sie im Internet bei www.fairplayer.de bzw. bei www.fairplayer-fortbildung.de.

Die Entwicklung von Fairplayer.Manual – Klasse 5–6 wäre ohne die Unterstützung vieler Menschen nicht möglich gewesen: In erster Linie möchten wir uns bei allen Unterstützern, Förderern und Kooperationspartnern von Fairplayer.Manual bedanken. Vor allem der Deutsche Bahn Stiftung, die in 2016 die ursprüngliche Entwicklung des Fairplayer.Manuals – Klasse 5–6 ermöglicht hat, zum damaligen Zeitpunkt vertreten durch Geschäftsführer Tobias Geiger und Geschäftsstellenleiterin Corinna Bonati sowie den Herren Prof. Gerd Neubeck und Armin Kindler von der Konzernsicherheit der Deutschen Bahn AG gilt unser herzlichster Dank! Ohne Sie wäre das komplette Vorhaben nicht möglich gewesen. Zudem danken wir allen Mitarbeiterinnen und Mitarbeitern der Stiftung Deutsches Forum für Kriminalprävention (DFK) für die stets wohlwollende Begleitung.

Ganz besonders bedanken möchten wir uns bei allen Mitarbeiterinnen und Mitarbeitern des Arbeitsbereichs »Entwicklungspsychologie und Angewandte Entwicklungswissenschaft«, besonders bei Leonard Bruckmann B.Sc.Psych., der den Entwicklungsprozess dieser adaptierten Version von Fairplayer.Manual mit vielen konstruktiven Anmerkungen und Ideen bereichert hat, sowie bei Madita Siddique M.A. für die Unterstützung bei den Fortbildungen zum vorliegenden Programm.

Wir möchten uns ganz herzlich bei allen Fortbildungsteilnehmerinnen und -teilnehmern der Fairplayer-Multiplikatorenfortbildung bedanken, die uns stets viele bereichernde Ideen und Vorschläge unterbreitet und wertvolle Rückmeldungen zu Schwierigkeiten und Erfolgen bei der Durchführung von Fairplayer.Manual gegeben haben. Zudem möchten wir uns bei den Schülerinnen und Schülern sowie den Lehrkräften, insbesondere Anke König, der Grund- und Oberschule Wilhelmshorst im Land Brandenburg bedanken, die uns die Durchführung und Evaluation einer Pilotversion dieses Programms ermöglicht und uns dabei stets mit Rat und Tat beiseite gestanden haben.

Schließlich bedanken wir uns bei unseren LebenspartnerInnen und Familien für die immerwährende wohlwollende Unterstützung bei der Erstellung dieses Werks.

Wir wünschen allen Leserinnen und Anwendern eine anregende Lektüre und gelingende Umsetzung des Programms.

Die von der Freien Universität Berlin ausgehende, bundesweite Implementierung des Programms Fairplayer.Manual wurde von 2010 bis 2017 durch die Deutsche Bahn AG und die Deutsche Bahn Stiftung finanziell gefördert und durch das Deutsche Forum für Kriminalprävention (DFK) ideell unterstützt. Ausgebildete MultiplikatorInnen setzen Fairplayer.Manual mit der ganzen Schulklasse zur nachhaltigen Prävention von Mobbing im Kontext Schule und zur Förderung sozialer Kompetenzen und zivilcouragierten Verhaltens in der Schule um. Im November 2011 erfolgte im Rahmen einer Pressekonferenz mit dem Bundesminister des Innern (Dr. Hans-Peter Friedrich) und dem Vorstandsvorsitzenden der Deutschen Bahn AG (Dr. Rüdiger Grube) der Start für eine deutschlandweite Umsetzung des Programms. Bis 2017 konnten über 600 Lehrer und Schulsozialarbeiter aus 14 Bundesländern zu MultiplikatorInnen fortgebildet werden und Fairplayer.Manual ist bundesweit an über 150 Schulen nachhaltig präsent (Stand 2017). Seit 2015 steht eine adaptierte Programmversion für Schüler der 5. und 6. Klasse zur Verfügung. Eine Umsetzung erfolgt derzeit auch in der grundständigen (Grundschul-)Lehrerausbildung.

Partner die FAIRPLAYER aktiv unterstützen:

Förderzeitraum
Juli 2017 – Dez 2017

Förderzeitraum
Jan 2014 – Mai 2017

Förderzeitraum
Juni 2018 – Dez 2018

Berlin, im Juli 2018, Viola Braun, Laura König, Anton Walcher, Stephan Warncke und Herbert Scheithauer

1 Theoretischer Hintergrund

1.1 Was ist das Fairplayer.Manual – Klasse 5–6?

Fairplayer.Manual – Klasse 7–9 (Scheithauer et al., 2019) ist ein auf psychologischen Theorien und Konzepten basierendes Programm zur Förderung sozialer Kompetenzen, zivilcouragierten Verhaltens in der Schule und zur Prävention von Mobbing und Schulgewalt, welches Schülerinnen und Schüler der 7.–9. Klasse zur Zielgruppe hat.

Das Fairplayer.Manual – Klasse 7–9 wurde für die 5.–6. Jahrgangsstufe adaptiert und verfolgt – wie die Version für Jugendliche – einen universell-präventiven Ansatz, da Mobbing als Gruppenphänomen angesehen werden sollte. Eine wichtige Grundlage des Wirkprinzips von Fairplayer.Manual ist der so genannte Participant-Role-Ansatz (Salmivalli, Lagerspetz, Björkqvist, Österman u. Kaukiainen, 1996), welcher Mobbing als gruppendynamischen Prozess unter Beteiligung aller Mitglieder einer Schulklasse – in je unterschiedlichen Rollen – versteht. Mobbing ist also kein Phänomen, welches ausschließlich zwischen Schülerinnen und Schülern, die andere mobben, und Schülerinnen und Schülern, die gemobbt werden, stattfindet, sondern betrifft die ganze Klasse, sodass wirksame Prävention bei der gesamten Gruppe ansetzen muss. Fairplayer.Manual gilt als universelles *und* selektiv-indiziertes Präventionsprogramm, da es sich zum einen an alle Schülerinnen und Schüler einer Klasse richtet und zum anderen auch speziell die Risiko-Gruppen für Mobbing anspricht (Scheithauer, Hess, Schultze-Krumbholz u. Bull, 2012). Die einzelnen Programmschritte sprechen unter der Nutzung verschiedener Methoden, wie beispielsweise Rollenspielen, drei verschiedene Ebenen bei den teilnehmenden Kindern an: die Wissensebene, die Einstellungsebene und die Handlungsebene (Warncke u. Scheithauer, 2014).

Weiteres zentrales Ziel von Fairplayer.Manual ist die Veränderung der Gruppennormen, was wiederum der Entstehung von Mobbing frühzeitig vorbeugen soll, indem eine grundlegende Haltung bei den Schülerinnen und Schülern gefördert wird, die schädigende Handlungsweisen wie Mobbing nicht toleriert.

1.1.1 Theoretischer Hintergrund: Mobbing

Olweus (1993) fasst drei definierende Eigenschaften von Mobbing zusammen:
- die Intention des Täters, dem Opfer Schaden zuzufügen bzw. zufügen zu wollen,
- ein Machtungleichgewicht zwischen Täter und Opfer (entweder tatsächlich vorhanden oder subjektiv von der Person mit Opfererfahrung erlebt)
- und die über einen längeren Zeitraum andauernde Wiederholung des negativen Verhaltens.

Mobbing tritt vermehrt auf Ebene stabiler sozialer Gruppen, beispielsweise einer Schulklasse auf, was sich möglicherweise dadurch erklären lässt, dass die spezielle Gruppe, also die Mitglieder des Klassenverbandes, nicht selbst gewählt wurden und gleichzeitig ein Zwang besteht, sich in die Gruppe einzufügen (Scheithauer, Hayer u. Petermann, 2003).

Es lassen sich verschiedene Formen von Mobbing unterscheiden: physisches (schlagen, schubsen oder treten), verbales (gesprochenes oder geschriebenes Hänseln) und relationales Mobbing (direkter oder indirekter Versuch, dem Ruf und den zwischenmenschlichen Beziehungen des Opfers zu schaden, Gerüchte verbreiten, Ausschließen aus Gruppen) (vgl. Evans, Fraser u. Cotter, 2014; Scheithauer et al., 2003). Evans et al. (2014) gehen davon aus, dass ungefähr 30 % der Schulkinder in Mobbingprozesse eingebunden sind, entweder als Betroffene/r von Mobbing oder weil sie andere Schülerinnen oder Schüler mobben. Einige Kinder mobben andere Schülerinnen und Schüler und sind gleichzeitig selbst von Mobbing betroffen.

Wie bereits erwähnt sind beim Mobbingprozess jedoch nicht nur Personen, die andere mobben (im Participant-Role-Ansatz »Täter«) und Personen, die gemobbt werden (»Opfer«) involviert. Durch Studienergebnisse von Salmivalli et al. (1996) konnten den beobachteten Schülerinnen und Schülern insgesamt folgende Rollen zugewiesen werden (s. Abb. 1):
- **Täter** (mobbende Person oder Anführer): initiiert

den Mobbingprozess und bringt andere dazu, mitzumachen (12 %);

– **Opfer** (gemobbte Person): wird wiederholt verbal, physisch oder relational drangsaliert und weiß sich selbst nicht aus der Situation zu befreien (8 %);

– **Assistenten des Täters:** machen beim Mobbing mit und helfen dem Täter aktiv, indem sie beispielsweise das Opfer festhalten, während der Täter Gewalt anwendet (7 %);

– **Verstärker des Täters:** sind beim Mobbingprozess anwesend und ermutigen die Täterin durch z. B. Anfeuern, Klatschen oder Lachen (20 %).

– **(Potentielle) Verteidiger des Opfers:** sind ebenfalls beim Mobbingprozess anwesend und helfen dem Opfer, indem sie ihm Mut zusprechen oder versuchen, die Täterin aufzuhalten, meist Schülerinnen und Schüler mit hoher sozialer Reputation (17 %);

– **Außenstehende:** größte Gruppe im Mobbingprozess; Kinder, die sich der Mobbing-Situation fernhalten, sie lassen sich keiner Rolle eindeutig zuweisen (24 %).

Die prozentualen Häufigkeiten beziehen sich auf die Rollenverteilungen in der Schulklasse. Insgesamt addieren sich die Werte nicht zu 100 %, da die Rolle von einigen Kindern nicht ganz klar einem dieser prototypischen Rollenmuster zugeordnet werden konnte.

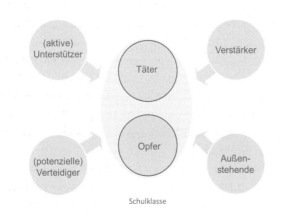

Abbildung 1: Participant RoleApproach – Rollenverteilung beim Mobbing in der Schulklasse (angelehnt an Scheithauer u. Bull, 2008)

1.1.2 Theoretischer Hintergrund: Sozial-emotionales Lernen in der Schule

Eine zentrale Entwicklungsaufgabe in der frühen Kindheit ist die erfolgreiche Entwicklung sozial-emotionaler Kompetenzen. Saarni (2002; Saarni u. Weber, 1999) beschreibt beispielsweise acht emotionale Schlüsselfertigkeiten: (1) Bewusstheit über eigene Emotionen, (2) Wahrnehmung fremder Emotionen, (3) sprachliche Kommunikation über Emotionen, (4) Empathie, (5) Unterscheidung zwischen internem emotionalen Erleben und externalem Emotionsausdruck, (6) Emotionsregulation, (7) Bewusstsein über die Rolle der emotionalen Kommunikation in Beziehungen und (8) Fähigkeit zu emotional selbstwirksamem Verhalten. Diese Schlüsselfertigkeiten stellen eine wichtige Grundlage für sozial-emotionales Lernen dar.

In der Literatur findet sich keine einheitliche Definition von sozial-emotionalem Lernen (SEL). Die Gemeinschaft für akademisches, soziales und emotionales Lernen (CASEL, Collaborative for Academic, Social and Emotional Learning) beschreibt SEL als:

(1) Prozess, der Kindern (und auch Erwachsenen) hilft, die grundlegenden Fertigkeiten für ein effektives Leben zu entwickeln. Die Gestaltung von diesem (Lehr- und Lern-) Prozess ist in der Schule von zentraler Bedeutung, um die nachfolgenden Auswirkungen zu erreichen. Diese Fertigkeiten umfassen beispielsweise:

– Emotionswissen,
– Emotionsregulation,
– die Entwicklung von Mitgefühl und prosozialem Verhalten,
– der Aufbau positiver Beziehungen,
– das verantwortungsvolle Treffen von Entscheidungen sowie
– der konstruktive und ethische Umgang mit schwierigen Situationen.

(2) Prozess der Aneignung von Fertigkeiten, um über Emotionen nachdenken und mit diesen umgehen zu können, Fürsorge für Mitmenschen zu entwickeln, verantwortungsvolle Entscheidungen zu treffen, positive Beziehungen aufzubauen und herausfordernde Situationen konstruktiv lösen zu können.

Beim sozial-emotionalen Lernen werden sowohl *kurzfristige* als auch *langfristige* Ziele erreicht. Wenn eine Lehrkraft beispielsweise eine Intervention zum Thema sozial-emotionalem Lernen durchführt, wären kurzfristige Ziele, die relativ zeitnah sichtbar werden, z. B. mehr prosoziales Verhalten und Kommunikation zwischen den Peers (MitschülerInnen), verbesserte lernrelevante soziale Fertigkeiten (z. B. verbesserte Aufmerksamkeit im Unterricht). Langfristige Ziele können beispielsweise eine Reihe an zwischenmenschlichen sozialen Fertigkeiten sein, die zwar noch nicht unmittelbar sichtbar sind, jedoch auf lange Sicht zu verbesserten sozialen Kompetenzen in inner- und au-

Zusammenfassung einiger Studienergebnisse

Studien weisen darauf hin, dass sozial-emotionale Kompetenzen im Kindesalter schulischen und beruflichen Erfolg vorhersagen (u. a. Denham, Bassett, Zinsser u. Wyatt, 2014). Zudem können sozial-emotionale Kompetenzen als protektive Faktoren angesehen werden, die die Wahrscheinlichkeit vermindern, dass man Risikofaktoren ausgesetzt ist, welche zu Problemverhalten führen können (Catalano et al., 2004).

Die Metaanalyse von Durlak et al. (2011) über 213 SEL (Social Emotional Learning)-Programme berichtet positive Effekte bei der Verbesserung der sozial-emotionalen Kompetenz, bei der Zunahme des prosozialen Verhaltens sowie bei der Abnahme von internalisierenden Störungen. Zudem zeigten die Schülerinnen und Schüler, die SEL-Programme durchlaufen haben im Gegensatz zu Schülerinnen und Schülern ohne SEL-Programm im Durchschnitt bessere Noten und Testergebnisse. Der größte Effekt wurde bei den positiven sozialen Verhaltensweisen gefunden, was u. a. sozial-kognitive und affektive Kompetenzen, z. B. Emotionswissen, -bewältigung, Stressbewältigung, Empathie, Problemlösen, Entscheidungen treffen beinhaltet.

ßerschulischen Situationen führen. Eine Vielzahl an Studien konnte belegen, wie wichtig die Förderung sozial-emotionalen Lernens in der Grundschule für das persönliche und akademische Wachstum der Kinder ist.

Es liegen sehr unterschiedliche Definitionen für »Soziale Kompetenz« vor. Scheithauer, Braun, König, Bruckmann und Warncke (2018) fassen zusammen:

– Das Konstrukt soziale Kompetenz umfasst einerseits Wissen, Fähigkeiten und Fertigkeiten (z. B. Selbstsicherheit, Konfliktfähigkeit), sich gegenüber anderen auf adäquate Weise durchsetzen zu können ohne diese zu schädigen, andererseits Fähigkeiten und Fertigkeiten, die eine Anpassung des Individuums an seine Umwelt und deren Normen und Werte ermöglichen.
– Einerseits wird unter sozialer Kompetenz ein Verhaltenspotenzial verstanden, das nur unter bestimmten Voraussetzungen auch zu sozial kompetentem Verhalten führt, andererseits wird nur derjenige als sozial kompetent bezeichnet, der sich auch situationsübergreifend sozial kompetent verhält.
– Soziale Kompetenz hängt eng mit der Effektivität des Handelns in sozialen Interaktionen sowie dem konstruktiven Funktionieren in (Peer-)Gruppen zusammen. Sie umfasst soziale, emotionale (z. B. Affektregulation) und kognitive Fähigkeiten und Fertigkeiten (z. B. Perspektivenübernahme, Impulshemmung) und Verhaltensweisen (z. B. prosoziales Verhalten) sowie weitere verhaltenslenkende Voraussetzungen (z. B. Selbstwirksamkeit), die eine Person benötigt, um sich in sozialen Interaktionen erfolgreich anzupassen.

– Schließlich beinhaltet soziale Kompetenz eine Reihe positiver sozialer Fertigkeiten, wie z. B. anderen Personen Wertschätzung und Respekt entgegenzubringen, mit anderen zusammenzuarbeiten und kommunizieren zu können, anderen zuhören zu können, der Situation angemessenes und sozialen Normen entsprechendes Verhalten zu zeigen oder über vielfältige Fertigkeiten zu verfügen und diese einsetzen zu können, um Konflikte angemessen zu lösen.

Viele Längsschnittstudien belegen einen positiven Zusammenhang zwischen der Förderung der sozial-emotionalen Kompetenzen und späteren akademischen Leistungen (z. B. Caprara et al., 2000). Dies lässt sich wie folgt erklären:

– **Erklärungsansatz (I):** Schülerinnen und Schüler, die eine erhöhte Selbstwahrnehmung und ein erhöhtes Selbstbewusstsein bezüglich ihrer eigenen Lernkapazitäten aufweisen, zeigen mehr Durchhaltevermögen bei herausfordernden Aufgaben (Aronson, 2002).
– **Erklärungsansatz (II):** Schülerinnen und Schüler, die sich hohe schulische Ziele setzen, zeigen mehr Selbstdisziplin, Selbstmotivation, Stressmanagement, Arbeitsorganisation und erreichen dadurch auch bessere Noten (Duckworth u. Seligman, 2005).
– **Erklärungsansatz (III):** Schülerinnen und Schüler, die Problemlösefertigkeiten nutzen und die Fähigkeit, Entscheidungen zu treffen, nutzen, zeigen bessere Schulleistungen (Zins u. Elias, 2007).

Zusätzlich zu den personenzentrierten Aspekten, definieren Studien interpersonelle, institutionelle und umweltbedingte Aspekte, die sozial-emotionales Lernen fördern:

- **Normen von Peers und Erwachsenen,** welche ein hohes Maß an Erwartungen und Unterstützung bezüglich akademischer Zielerreichung ausdrücken.
- Eine **fürsorgliche Lehrer-Schüler-Beziehung,** welche Verpflichtung und Verbundenheit zur Schule fördert.
- Der Einsatz von proaktivem **Klassenraummanagement** und **kooperativen Lernstrukturen.**
- Ein **sicheres und geordnetes Umfeld,** welches positives Verhalten im Klassenraum verstärkt.

Zudem konnten Durlak et al. (2011) in ihrer Meta-analyse zeigen, dass die Implementation effektiv vom Lehrpersonal übernommen werden konnte – man benötigt für die Durchführung also keine »externen Experten«. Hierbei ist jedoch wichtig zu erwähnen, dass ein Hauptgrund, warum manche SEL-Interventionen nicht wirken, die Tatsache ist, dass die Durchführenden dazu tendieren, Programme eigenständig anzupassen oder nur partiell durchzuführen (Rimm-Kaufman u. Hulleman, 2015).

1.2 Adaption des Fairplayer.Manuals Klasse 7–9 als Version für die 5. und 6. Klasse

Die Notwendigkeit, eine Version des Fairplayer.Manuals für die 5. und 6. Jahrgangsstufe als Ergänzung zum Fairplayer.Manual – Klasse 7–9 zu entwickeln, kann, neben der zunehmenden Nachfrage des Lehrpersonals und weiterem pädagogischen Fachpersonal aus der Praxis, auch durch neuere wissenschaftliche Erkenntnisse verdeutlicht werden.

Verschiedene Studienergebnisse deuten darauf hin, dass wirksame Prävention von Mobbing in der Schule auch bereits bei jüngeren Kindern ansetzen kann. Von Marées und Petermann (2009) untersuchten Mobbing bei 550 Kindern aus 12 Grundschulen im Alter zwischen 6,5 und 10,8 Jahren und konnten 10 % der Kinder als Täter, 17,4 % als Opfer und 16,5 % als Täter-Opfer identifizieren. Auch in der Meta-Analyse von Mitsopoulou und Giovazolias (2015) konnten Altersunterschiede gefunden werden, welche besagen, dass jüngere Kinder bereits von Mobbingverhalten und -erfahrungen berichten. Daher waren wir daran interessiert, eine hinsichtlich der Methoden und Themen altersentsprechende Erweiterung des Fairplayer.Manuals – Klasse 7–9 bereitzustellen. Jedoch ist zu berücksichtigen, dass Präventionsprogramme wie Fairplayer.Manual, in denen Methoden eingesetzt werden, wie z. B. Förderung des Emotionsausdrucks, perspektivenübernahmefördernde Methoden wie das Rollenspiel, nicht zu früh im Entwicklungsverlauf angewendet werden dürfen, da die Kinder gewisse Entwicklungsvoraussetzungen für die Bearbeitung der Programmschritte mitbringen müssen. So ist beispielsweise der Spracherwerb eine wichtige Voraussetzung für den Emotionsausdruck und die Emotionsregulation (vgl. Petermann, Niebank u. Scheithauer, 2004). Zudem sind Kinder erst ab dem Alter von zehn bis elf Jahren zu selbstreflexiver Rollenübernahme fähig (Horster, 2008).

Im Folgenden wird mit Hilfe der unserer Adaption zugrunde liegenden sieben Schritte von Card, Solomon und Cunningham (2011) der Anpassungsprozess von Fairplayer.Manual – Klasse 7–9 an die 5. und 6. Klasse dargestellt:

1. *Auswahl eines geeigneten Programms mit nachgewiesener Effektivität:*
Das evaluierte und in der »Grüne Liste Prävention« mit der höchsten Wirksamkeitsstufe »Effektivität nachgewiesen« aufgeführte Präventionsprogramm Fairplayer.Manual (Scheithauer, Walcher, Warncke, Klapprott u. Bull, 2019) wurde dem Adaptionsprozess zugrunde gelegt.

2. *Zusammenstellung der originalen Materialien des zugrunde liegenden Programms:*
Die Materialien wurden von den Autorinnen und Autoren des Fairplayer.Manuals – Klasse 7–9 bereitgestellt. Zudem besuchten die Erst- und Zweit-Autorinnen die Fortbildung, die notwendig ist, um das Programm in einer Schulklasse umzusetzen. In dieser mehrtägigen Veranstaltung wurden zusätzlich zum Manual die Hintergründe, Materialien und konkrete Stundenplanungen thematisiert.

3. *Entwicklung eines Programm-Modells:*
Das Programm-Modell zu Fairplayer.Manual – Klasse 7–9 ist in der *Abbildung 2* dargestellt, genauer die einzelnen Programm-Elemente, deren unmittelbare Ziele sowie allgemeine Grob- und Feinziele.

4. *Identifikation der Core Components (zentrale Wirkelemente) und »Best-Practice-Merkmale« des zugrunde liegenden Programms:*

In Absprache mit den Autoren des Fairplayer.Manuals – Klasse 7–9 wurden u. a. folgende *zentrale Wirkelemente* identifiziert, die auch der Altersgruppe der adaptierten Version zugrunde gelegt werden können:

– die Ampelkartenrunde als Einstiegsritual,
– die Grundprämisse in der Durchführung von Fairplayer.Manual, dass aktuelle Störungen Vorrang haben,
– Rollenspiele als eine zentrale Methode,
– Reflexionsphasen als Grundprinzip,
– Symmetrische Beziehung auf der Lehrer-Schüler-Ebene: Erkenntnisgewinn soll durch die Schülerinnen und Schüler selbst kommen und nicht von den durchführenden Lehrkräften/dem pädagogischen Fachpersonal vorgegeben werden,
– Programmorientierte Grundhaltung und Vorgehensweise: strukturierter Programmablauf wie im Manual vorgegeben

5. *Identifikation der Diskrepanzen zwischen dem ursprünglichen Programm/Programm-Modell/Programm-Materialien und dem neuen Kontext:*
Die große Diskrepanz zwischen den beiden Programmen besteht in dem Altersunterschied der Zielgruppe (7.–9. Klasse vs. 5.–6. Klasse). Bei der Adaption war demzufolge der wesentliche Unterschied in der kognitiven und emotionalen Entwicklung und Leistungsfähigkeit der Kinder und Jugendlichen zu berücksichtigen und an das Entwicklungsniveau der jüngeren Zielgruppe anzupassen.

Aufgrund umfassender Literaturrecherche, Rücksprachen mit den Autoren von Fairplayer.Manual – Klasse 7–9 und beratendem Lehrpersonal entschieden wir uns dafür, alle Programm-Elemente stärker zu strukturieren und mit mehr angeleiteten Arbeitsphasen in Einzelarbeit zu operieren, um nach für die Kinder aufregenden Gruppenphasen wieder eine Arbeitsatmosphäre zu schaffen, die auch für die jüngeren Schülerinnen und Schüler annehmbar ist. Trotz der verstärkten Anleitung sollen die Kinder eigenständig zu den zentralen Erkenntnissen gelangen. Zudem wurde aufgrund der hohen Komplexität ein zentrales Element von Fairplayer.Manual für die 7.–9. Klasse, das »Moralische Dilemma«, nicht in die adaptierte Programmversion aufgenommen. Dafür wurden jedoch zwei neue Programmschritte für das Fairplayer.Manual – Klasse 5–6 entwickelt. Zum einen wurde als Beitrag zur Wertebildungsarbeit an Schule das Thema Kinderrechte neu hinzugefügt, welches die Kinder in der Erkenntnis bestärken soll, dass Mobbing eine Verletzung von Kinderrechten darstellt, und zum anderen wurde ein Vorbereitungsschritt für die Durchführung der Rollenspiele bei der Bearbeitung des Themas »Soziale Rollen beim Mobbing« entwickelt. Die konkreten Veränderungen der einzelnen Schritte werden im Folgenden detaillierter beschrieben.

6. *Anpassung des ursprünglichen Programm-Modells:*
Das adaptierte Programm-Modell für Fairplayer.Manual für die 5. und 6. Jahrgangsstufe ist in der *Abbildung 3* dargestellt.

7. *Anpassung der ursprünglichen Materialien des Programms:*
Die Materialen wurden kindgerecht gestaltet und bezüglich der kognitiven und emotionalen Entwicklung an jüngere Kinder angepasst.

Abbildung 2: Programm-Modell für Fairplayer.Manual – Klasse 7–9

Feinziele

- Wahrnehmung dissozialen Verhaltens fördern
- Wissen um prosoziales Verhalten vermitteln
- Verständnis für persönliche Verantwortung fördern
- Bewusstsein für Notlagen/Gewaltsituationen schärfen
- Empathie, kognitive Perspektivübernahme fördern
- sozial-emotionale Kompetenzen fördern
- moralische(s) Sensibilität/Urteilen fördern
- Handlungsalternativen/-strategien fördern

Grobziele

- Förderung zivilcouragierten Handelns in Mobbingsituationen
- Förderung sozialer Kompetenzen
- Prävention von Mobbing und Schulgewalt

Programm-Elemente	Unmittelbare Ziele
Termin 1: Einführung ins Thema: Was ist Fairplayer?	– Kennenlernen, erste Auseinandersetzung mit dem Thema und Interesse wecken – Gemeinsame u. demokratische Erarbeitung von Klassenregeln
Termin 2: Wie gehen wir miteinander um? – Absprache gemeinsamer Umgangsformen	– Einführung in die Arbeitsmethoden und Aufstellen verbindlicher Klassenregeln – Erarbeitung von Konsequenzen
Termin 3: Was ist Mobbing?	– unterschiedliche Formen von Mobbing diskutieren – Sensibilisierung der Wahrnehmung der verschiedenen Mobbingformen – Unterschiede in der subjektiven Wahrnehmung bzw. dem subjektiven Erleben von verschiedenen Mobbingformen, Meinungen und Sichtweisen erkennen (Perspektivwechsel)
Termin 4: Zivilcourage – Hinsehen und klug handeln statt wegsehen	– differenzierte Auseinandersetzung mit dem Thema Zivilcourage und Erarbeitung einer gemeinsamen Definition des Begriffs – Erarbeitung intelligenter (»kluger«) Handlungsformen – Förderung positiver Interaktionen zwischen den Jugendlichen
Termin 5: Wie es mir geht – Kennenlernen von und umgehen mit Emotionen **Termin 6:** Emotionen im Kontext	– Wahrnehmung von Körpersignalen und Gefühlen anderer Personen verbessern – Empathie entwickeln und eigene Gefühle reflektieren – Gefühle und Stimmungen selbst so ausdrücken können, dass andere Personen erkennen können, wie es einem selbst gerade geht – Förderung positiver Interaktionen zwischen den Jugendlichen
Termin 7 u. 8: Soziale Rollen beim Mobbing I u. II	– Sensibilisierung der Wahrnehmung von Gruppenprozessen beim Mobbing, mögliche Beteiligung erkennen u. reflektieren, sowie sich selbst in verschiedenen Teilnehmerrollen erleben – Empathie fördern und eigene Gefühle reflektieren – Kennenlernen alternativer Handlungsmöglichkeiten – Förderung positiver Interaktionen zwischen den Jugendlichen

Termin 9 u. 10: Was ich tun kann – richtig eingreifen I u. II	– Förderung von Perspektivenübernahme und Empathie – Entwicklung und Erprobung alternativer Handlungsmöglichkeiten – Transfer auf eigene Lebenssituation – Förderung von Problemlösefertigkeiten
Termin 11: Unsere Klasse	– Selbstreflexion zur Situation in der Klasse – Positive Identifikation mit der Klasse bzw. Gruppe – Förderung von Kommunikationsfertigkeiten und Interaktionsmustern – Verbesserung des Klassenklimas – Förderung von Problemlösefertigkeiten – Verbesserung der Arbeitsfähigkeit und -motivation
Termin 12 u. 13: Moralisches Dilemma I u. II	– Förderung der Perspektivenübernahme – Kennenlernen anderer Argumente und respektieren anderer Meinungen – Förderung der moralischen Sensitivität und des moralischen Urteilens/Argumentierens – Handlungsmöglichkeiten kennenlernen und Förderung des Verständnisses für Handlungsabfolgen – Transfer auf die eigene Situation/das eigene Leben – Förderung von Problemlösefertigkeiten
Termin 14: »Das ist mal wieder typisch!«	– Förderung von Perspektivenübernahme und Empathie – Eigen- und Fremdwahrnehmung fördern – Wertschätzung der Meinungen Anderer – Förderung eines positiven Klassenklimas
Termin 15: Moralisches Dilemma III	– siehe Ziele Termin 12 u. 13
Termin 16: Abschlussrunde u. Vorbereitung 2. Elternabend	– Rückmeldung der Jugendlichen zu Fairplayer.Manual – Möglichkeiten der Integration in den Unterrichtsalltag – Planung der Elternveranstaltung nach Fairplayer.Manual – Förderung der Selbstwirksamkeit

Abbildung 3: Adaptiertes Programm-Modell für Fairplayer.Manual für die 5. und 6. Klasse

Programm-Elemente	Unmittelbare Ziele
Termin 1: Einführung ins Thema: »Was ist Fairplayer?« und Einführung in die Arbeitsmethoden: »Wie gehen wir miteinander um?«	– Kennenlernen – Einstieg in das Projekt Fairplayer und Überlegung wie sich ein »Fairplayer« verhält – Arbeitsmethoden von Fairplayer kennenlernen – Klassenregeln reflektieren und »Fairplayer-Regeln« für den Umgang miteinander in der Projektphase festlegen
Termin 2: »Was ist Mobbing?«	– unterschiedliche Formen von Mobbing im Kontext Schule diskutieren und eigene Erfahrungen reflektieren – Sensibilisierung der Wahrnehmung der verschiedenen Mobbingformen
Termin 3: Kinderrechte	– Beitrag zur Wertebildungsarbeit an Schulen – Erkenntnis, dass Kinder – ebenso wie Erwachsene – Rechte haben, die gewahrt werden sollen, und dass Mobbing ein Verstoß gegen Kinderrechte darstellt und für betroffene Personen weitreichende Konsequenzen haben kann – Engere Identifikation mit einem/r Fairplayer/in
Termin 4: Zivilcourage in der Schule	– differenzierte Auseinandersetzung mit dem Thema Zivilcourage in der Schule und Erarbeiten einer gemeinsamen Definition des Begriffs
Termin 5: »Wie es mir geht« – Gefühle und Körpersprache	– Wahrnehmung von Körpersignalen und Gefühlen der eigenen Person und anderer Personen verbessern – Bedeutung von Kontextinformationen und maskierten Emotionen für die Interpretation von Emotionsausdrücken berücksichtigen – Förderung von Empathie und Perspektivenübernahme
Termin 6: Vorbereitung der Methode Rollenspiel	– Vorbereitung für die Rollenspiele in den Terminen 7, 8 und 9 – Förderung der Perspektivübernahme – Vertiefung der Termine 2 (Was ist Mobbing) und 5 (Emotionen)

Feinziele

- Wahrnehmung dissozialen Verhaltens fördern
- Wissen um prosoziales Verhalten vermitteln
- Verständnis für persönliche Verantwortung fördern
- Bewusstsein für Notlagen/Mobbingsituation schärfen
- Empathie, kognitive Perspektivenübernahme fördern
- sozial-emotionale Kompetenzen fördern
- Handlungsalternativen kennenlernen
- Stärkung des Klassenklimas

Grobziele

- Förderung zivilcouragierten Handelns in Mobbingsituationen
- Förderung sozialer Kompetenzen
- Prävention von Mobbing und Schulgewalt

Termin 7: »Ich hab nix gesehen!« – Soziale Rollen beim Mobbing	– Rollen beim Mobbing und Gruppenprozesse erkennen – sich in verschiedene Rollen hineinversetzen – Empathie und Perspektivenübernahme verbessern
Termin 8 u. 9: »Was kann ich tun?« – Handlungsalternativen	– Transfer auf eigene Lebenssituation – Handlungsmöglichkeiten kennenlernen und erleben – Perspektivenübernahme und Empathie verbessern
Termin 10: »Unsere Klasse« – Klassenklima	– Wohlbefinden und Empathie in der Klasse steigern – Verbesserung der Arbeitsmotivation und Interaktionsmustern – positive Identifikation mit der Klasse – Problemidentifikation und Diskussion von Lösungsvorschlägen
Termin 11: »Das ist mal wieder typisch!«	– Förderung von Perspektivenübernahme und Empathie – Eigen- und Fremdwahrnehmung fördern – Wertschätzung der Meinungen Anderer – Förderung eines positiven Klassenklimas
Termin 12: Vorbereitung des Elternabends	– Zusammenfassung und Wiederholung der gewonnenen Erkenntnisse – Stärkung des Klassenklimas und gemeinsame Planung des Elternabends

1.3 Grundlegende Haltung bei der Umsetzung des Programms

1.3.1 Ihre Rolle als Lehrkraft

Kinder verbringen viel Zeit des Tages in der Schule im Klassenraum. Wissenschaftliche Erkenntnisse belegen, dass es kaum Klassen gibt, in denen Mobbing *nicht* einen Teil des Schulalltages darstellt. Die Haltung der Lehrkraft bezüglich Mobbing ist hierbei von zentraler Bedeutung: Studien weisen vermehrt darauf hin, dass Lehrerinnen und Lehrer einen starken Einfluss darauf haben, ob Mobbing in ihrer Klasse überhaupt stattfindet beziehungsweise mit welcher Häufigkeit und Intensität. So konnte gezeigt werden, dass Lehrkräfte Peerbeziehungen zum einen direkt durch die Weitergabe an Informationen über soziale Regeln und zum anderen indirekt als »unsichtbare« Hand, welche die Schülerinnen und Schüler dabei anleitet, Gruppennormen und -regeln einzurichten und einzuhalten, beeinflussen können (Farmer, McAuliffe, Lines u. Hamm, 2011). Farmer et al. (2011) haben drei Wege identifiziert, über die Lehrer ihre Schülerinnen und Schüler beeinflussen können: über ihre Rolle als erwachsene Autorität (I), welche soziale Regeln und die Entwicklung sozialer Kompetenzen vermittelt, über die Lehrer-Schüler-Beziehung (II) und über die Rolle als Klassenlehrerin (III).

(I) Die Lehrkraft als Vermittler von sozialen Kompetenzen sollte darauf achten, dass das Umfeld des Klassenraums zu den Bedürfnissen der Schülerinnen und Schüler passt. Von zentraler Bedeutung ist dabei, dass Umfeld und Aktivitäten so gestaltet werden, dass Schülerinnen und Schüler sich weiterentwickeln können und die Möglichkeit haben, prosoziale Fertigkeiten einzuüben. Zudem müssen Lehrkräfte zuerst selbst in der Entwicklung und Reflexion ihrer eigenen emotionalen und sozialen Kompetenzen geschult werden.

(II) Lehrer-Schüler-Beziehung. Verschiedene Studien konnten belegen, dass eine funktionierende Lehrer-Schüler-Beziehung sich positiv auf die Entwicklung von Kindern auswirkt (Farmer et al., 2011). Dabei können Lehrerinnen und Lehrer ein positives Vorbild bezogen auf Beziehungs- und Kommunikationsfähigkeiten für ihre Schülerinnen und Schüler sein, indem sie ihre eigenen verbalen (z. B. Sprache, Tonlage) und nonverbalen Signale (z. B. Körpersprache, Augenkontakt) in der Kommunikation mit den Kindern steuern und ihre eigenen emotionalen Erfahrungen mit ihnen teilen.

Weitere Studienergebnisse belegen, dass die Qualität der Lehrer-Schüler-Beziehung als ein protektiver Faktor bei Kindern angesehen werden kann, welche

ein erhöhtes soziales Risiko tragen, von Peers schikaniert zu werden (Elledge, Elledge, Newgent u. Cavell, 2016). Kinder, die weniger von der Peergruppe akzeptiert oder aktiv schikaniert werden, weisen ein höheres Risiko auf, Opfer von Mobbing zu werden, was jedoch durch eine positive Lehrer-Schüler-Beziehung abgeschwächt oder gar aufgehoben werden kann (Elledge et al., 2016).

(III) In der Rolle als KlassenlehrerIn sollte darauf geachtet werden, kooperative Lernstrukturen einzuführen und keine Konkurrenz um Leistungserfolg zu fördern. Besonders die Arbeit in Kleingruppen lässt die Kinder an den Erfahrungen anderer teilhaben und fördert dadurch prosoziales Verhalten und vermindert aggressive und schädigende Verhaltensweisen (Choi, Johnson u. Johnson, 2011).

Untersuchungen über die Einstellung von Lehrkräften bezüglich Mobbing unter Peers haben ergeben, dass Lehrerinnen und Lehrer, die eine normative abwertende Haltung bezüglich Zurückweisung unter Peers haben, also das Ertragen von Aggression und Mobbing als normalen Teil der Entwicklung ansehen, weniger eingreifen, wenn es zu Mobbing in der Klasse kommt. Somit erhöht sich die Wahrscheinlichkeit, dass vermehrt Mobbing und Aggression in der Klasse auftreten, da es diesbezüglich keine restriktive Gruppennorm gibt (Troop-Gordon u. Ladd, 2015). Zudem zeigen Schulkinder, die ihre Lehrkraft passiv beziehungsweise gleichgültig bezüglich Aggression und Schikane erleben, höhere Werte bei kritischen Folgen von Opfererfahrungen (z. B. internalisierenden Störungen), im Vergleich zu den Kindern, die ihre Lehrkraft als aktiv eingreifend in solchen Situationen erleben (Troop-Gordon u. Quenette, 2010).

Ferner wurden höhere Opferraten in Klassen gefunden, in denen die KlassenlehrerIn externe Faktoren für die Ursachen von Mobbing verantwortlich macht, also Faktoren, die nichts mit ihr selbst zu tun haben und somit nicht von ihr beeinflusst werden können. Dies begründet z. B. auch, warum sie in solchen Fällen ein Eingreifen in die Mobbingproblematik nicht in Erwägung ziehen (Oldenburg et al., 2015).

1.3.2 Klassenklima

Laut Meyer und Hermann (2000) gehört das Klima in der Gruppe zu den wichtigsten Einflussfaktoren für zivilcouragiertes Verhalten. Ein verbessertes Klassenklima kann somit zu wirksamer Mobbing-Prävention beitragen.

Grundsätzlich haben die folgenden drei Merkmale daran Anteil, ob sich ein vertrauensvolles Verhältnis zwischen den Schülerinnen und Schülern und ihren Lehrkräften bildet:
- Transparenz der Anforderungen an die Kinder,
- Partizipationsmöglichkeiten der Kinder bei Planung und Durchführung von Aktivitäten,
- persönlicher Kontakt sowie eine wohlwollende/zugewandte Grundhaltung.

Studienergebnisse weisen darauf hin, dass nicht nur ein positives Klassenklima für den Rückgang von Mobbing zentral ist, sondern darüber hinaus auch das Schulklima eine bedeutsame Rolle spielt. Für einen nachhaltigen Rückgang von Mobbing sind dabei die folgenden Aspekte bezüglich des Schulklimas zu berücksichtigen (Bosworth u. Judkins, 2014): Neben der Unterstützung der Kinder seitens der Erwachsenen, beeinflussen schulische Strukturen, wie verbindliche Klassen- und Schulregeln und eine zeitnahe und konsistente Reaktion auf Mobbingvorfälle das Schulklima positiv. Zudem spielen positive Beziehungen, sowohl zwischen den Peers untereinander als auch zwischen der Lehrkraft und den Schülerinnen und Schülern, eine wichtige Rolle dafür, dass es weniger interpersonelle Aggression und Mobbing gibt. Neben der Verbesserung des Schulklimas führt eine positive Lehrer-Schüler-Beziehung auch zu einem erhöhten schulischen Leistungserfolg und weniger Vorfällen von Delinquenz (Rutter, Maughan u. Smith, 1979). Sicher nicht zuletzt führen eine Schulpolitik und Normen, die einen respektvollen Umgang miteinander forcieren, zu einem Schulklima, welches wenig Raum für Mobbing bietet.

Metaanalysen, die den Zusammenhang zwischen einem positiven Schulklima und weniger Mobbing belegt haben, betonen Aspekte, wie eine warmherzige, unterstützende Atmosphäre, Verhaltensänderung durch Belohnungssysteme und die klassenübergreifende Förderung sozial-emotionaler Kompetenzen (u. a. Wang, Berry u. Swearer, 2013).

So kann das regelmäßige Hinterfragen und Optimieren des Klassenklimas ein zentrales Element für die Entwicklung der Kinder darstellen. Da das Klima in der Klasse nicht durch eine einmalige Maßnahme dauerhaft verbessert werden kann, bedarf ein positives Klassenklima regelmäßiger Reflexion und Kommunikation. So soll auch der Termin 10 »*Unsere Klasse*«

einen ersten Einstieg in das Thema Klassenklima liefern, welches nachfolgend regelmäßig wieder aufgegriffen werden sollte, z. B. in Form eines Klassenrats.

1.3.3 Positive Psychologie

Bei der Durchführung des Programms Fairplayer.Manual wird eine gemeinsame Zusammenarbeit von Schülerinnen und Schülern sowie Lehrerinnen und Lehrern angestrebt – mit dem Grundgedanken, dass Schule ein Ort ist, an dem sich alle Beteiligten insgesamt gern aufhalten und Lernen sowie Lehren Spaß macht. Die Idee ist, dass man versucht, eine Grundhaltung einzunehmen, in der man nicht immer vom schlechtesten Fall ausgeht, sondern versucht eine positive Erwartungshaltung an die Schülerinnen und Schüler zu richten (z. B. »*Die Kinder wollen etwas lernen und wenn nicht, dann schaffe ich es sie zu motivieren.*« / »*Die Kinder können etwas lernen und wenn nicht, dann bringe ich es ihnen bei.*«). Natürlich klappt dies nicht immer so wie beschrieben und manchmal hat man das Gefühl, resignieren zu müssen, aber das Ziel ist es, sich in dieser Grundhaltung auszuprobieren und auch bei Schwierigkeiten immer wieder hierhin zurückzufinden.

Der Weg soll weg von Bestrafung und einer Kultur des Ermahnens, was sowohl bei Schülerinnen und Schülern, als auch bei Lehrerinnen und Lehrern immer wieder vor allem Stress erzeugt, hin zu einer positiven Verstärkung der Klasse oder auch einzelner Schülerinnen und Schüler gehen. Der Grundgedanke hierbei ist, zu versuchen, den eigenen Bewertungsfokus zu verschieben, weg von einer negativen Grundstimmung (»*Diese Klasse ist so schlimm, vor allem Schülerin/Schüler X stört immer*«) hin zu positiven Beobachtungen, die während der Durchführung des Fairplayer.Manual-Programms passieren. So kann es zum Beispiel sein, dass einem ständig eine Schülerin auffällt, die oft schwätzt und entsprechend oft ermahnt wird. Man nimmt dadurch jedoch vielleicht nicht mehr wirklich wahr, wenn die gleiche Schülerin einen wertvollen Beitrag zu einer Diskussion liefert oder eine tolle Idee generiert.

Versuchen Sie, Ihre Wahrnehmung dahingehend zu fokussieren, dass Sie gute Beiträge oder positives Verhalten der Schülerinnen und Schüler gezielt hervorheben und loben. Sie werden merken, wie gut dies der Klasse und einzelnen Kindern tut, welche sonst vielleicht selten positive Verstärkung erfahren. Vor allem eher zurückgezogene Kinder oder solche, die gewöhnlich fast nur negativ auffallen und nur so von der

Klasse beachtet oder wahrgenommen werden, können hier sehr profitieren.

Im Sinne dieser positiven Verstärkung gibt es z. B. ab Termin 2 am Ende jedes Fairplayer.Manual-Termins, nach der Feedbackrunde mit Ampelkarten, eine kurze Phase, in der die Schülerinnen und Schüler hervorheben dürfen, was in den 90 Minuten bezogen auf die Gruppenregeln besonders gut lief. *»Was lief heute insgesamt gut und/oder ist euch eine Mitschülerin/ein Mitschüler besonders positiv aufgefallen?«* Auch Sie selbst dürfen hier gern die ganze Klasse oder auch einzelne Schülerinnen und Schüler positiv hervorheben.

Vor allem einige »Heldentaten«, z. B. wenn sich ein Schüler oder eine Schülerin zivilcouragiert verhalten hat, indem er bzw. sie jemandem beigestanden oder geholfen hat, sollten besonders hervorgehoben und belohnt werden. Dies kann z. B. durch Applaus der Klasse oder einen sog. »Buddy-Check«, auch bekannt als »High-Five« (alle gehen an der Schülerin oder dem Schüler vorbei und klatschen ab – *»gut gemacht«*) passieren. Wichtig ist hier vor allem, dass dieses positive Verhalten wertgeschätzt wird und Anerkennung bekommt.

Diese Herangehensweise, im Sinne der positiven Psychologie, mag vielleicht im ersten Moment als wenig praktikabel wahrgenommen werden, es spricht jedoch aus unserer Sicht absolut nichts dagegen, dies im Rahmen der Durchführung von Fairplayer.Manual, als grundlegende Art und Weise mit ihren Schülerinnen und Schüler zu interagieren, zu erproben.

1.4 Zugrunde liegendes Wirkmodell des Programms

Um bei den Kindern eine nachhaltige Verhaltensänderung zu erzeugen, reicht es nicht aus, allein Wissen zu verschiedenen Themenbereichen (wie beispielsweise Konsequenzen von Mobbing oder Zivilcourage) zu vermitteln. Vielmehr müssen verschiedene Ebenen (u. a. Wahrnehmung, Einstellung und Normen) angesprochen werden, um über eine Verhaltensintention zu einer konkreten Verhaltensänderung zu kommen. Für die Entwicklung von Fairplayer.Manual für die 5. und 6. Jahrgangsstufe wurden hierfür das Modell des geplanten Verhaltens (Theory of Planned Behavior, Ajzen, 1991; s. Abb. 4) sowie Modelle sozialpsychologischer Gruppenprozesse zugrunde gelegt.

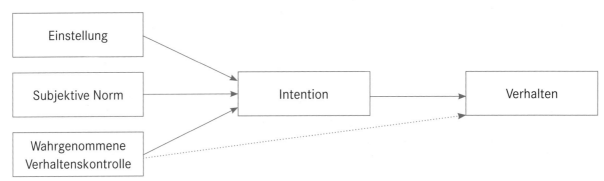

Abbildung 4: Kernkomponenten der Theorie des geplanten Verhaltens

Zunächst wird ein Zielverhalten definiert, welches mit Hilfe des Programms verändert werden soll. Da in vielen Studien nachgewiesen werden konnte, dass eine Verhaltensänderung nur zu ungefähr 20–30 % von der Intention, das Verhalten zu ändern, gesteuert wird, müssen weitere Faktoren (Einstellung, subjektive Norm und wahrgenommene Verhaltenskontrolle) berücksichtigt werden (z. B. Sheeran, 2002). Die nachfolgende Abbildung (Abb. 5: Barrieren in der Verhaltensänderung von Mobbingverhalten anhand der Theory of Planned Behavior) erklärt anhand der jeweiligen Theorieelemente, welche Barrieren es bei der konkreten Verhaltensänderung beim Mobbing gibt und dient als Grundlage für die jeweiligen Programmelemente von Fairplayer.Manual für die 5. und 6. Jahrgangsstufe.

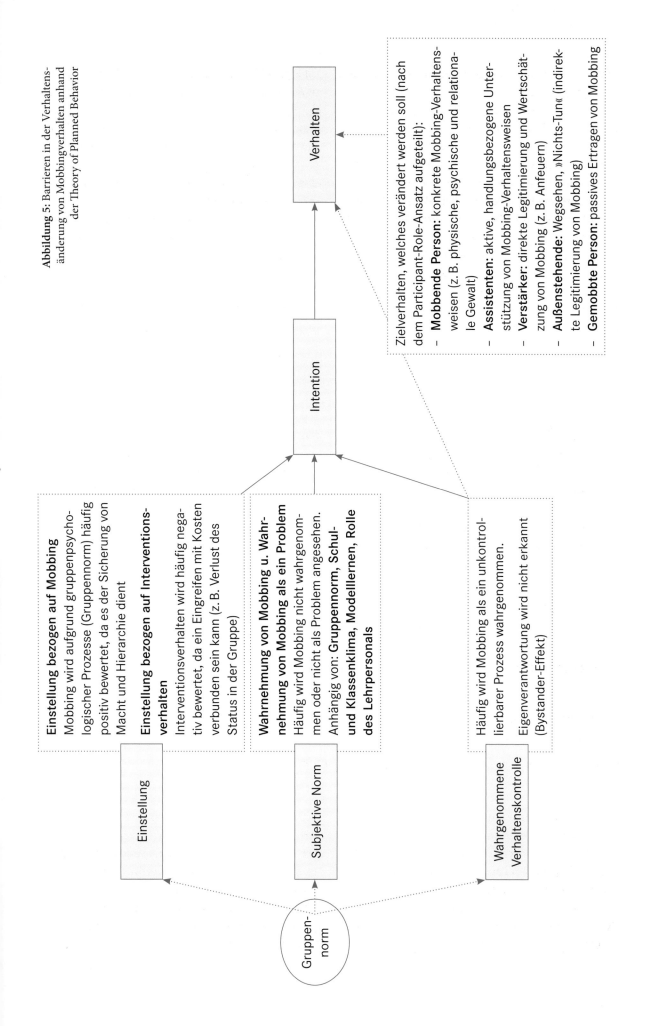

Abbildung 5: Barrieren in der Verhaltensänderung von Mobbingverhalten anhand der Theory of Planned Behavior

Verhalten

Zielverhalten, welches verändert werden soll (nach dem Participant-Role-Ansatz aufgeteilt):

– **Mobbende Person:** konkrete Mobbing-Verhaltensweisen (z. B. physische, psychische und relationale Gewalt)

– **Assistenten:** aktive, handlungsbezogene Unterstützung von Mobbing-Verhaltensweisen

– **Verstärker:** direkte Legitimierung und Wertschätzung von Mobbing (z. B. Anfeuern)

– **Außenstehende:** Wegsehen, »Nichts-Tun« (indirekte Legitimierung von Mobbing)

– **Gemobbte Person:** passives Ertragen von Mobbing

Intention

Einstellung

Einstellung bezogen auf Mobbing
Mobbing wird aufgrund gruppenpsychologischer Prozesse (Gruppennorm) häufig positiv bewertet, da es der Sicherung von Macht und Hierarchie dient

Einstellung bezogen auf Interventionsverhalten
Interventionsverhalten wird häufig negativ bewertet, da ein Eingreifen mit Kosten verbunden sein kann (z. B. Verlust des Status in der Gruppe)

Subjektive Norm

Wahrnehmung von Mobbing u. Wahrnehmung von Mobbing als ein Problem
Häufig wird Mobbing nicht wahrgenommen oder nicht als Problem angesehen.
Anhängig von: **Gruppennorm, Schulund Klassenklima, Modelllernen, Rolle des Lehrpersonals**

Wahrgenommene Verhaltenskontrolle

Häufig wird Mobbing als ein unkontrollierbarer Prozess wahrgenommen.

Eigenverantwortung wird nicht erkannt (Bystander-Effekt)

Gruppennorm

Wie die Abbildung 5 verdeutlicht, hängt die Auftretenshäufigkeit von Mobbing stark vom Klassen-/Schulklima und einer übergeordneten zwischenmenschlichen Norm ab, welche darüber entscheidet, in wie weit Mobbing und aggressives zwischenmenschliches Verhalten akzeptiert werden und somit das Verhalten der Peers steuern (u. a. Hymel et al., 2015). Dies erklärt, warum Beobachtungsstudien (u. a. Pepler et al., 2010) ergeben haben, dass bei 85–88 % der Mobbingvorfälle Außenstehende anwesend sind, jedoch nur in seltenen Fällen dem Opfer helfen. Zudem ist Hilfeverhalten seitens der Beistehenden zu hoher Wahrscheinlichkeit mit »Kosten« verbunden (z. B. Angst, sich selbst angreifbar zu machen).

Aufgrund der komplexen sozialen Dynamiken im Mobbingprozess und im gesamten sozialen Gefüge der Peergruppe reicht es nicht aus, »nur« das Verhalten der Außenstehenden zu verändern. Vielmehr müssen Gruppennormen und Gruppenprozesse so verändert werden, dass ein Gemeinschaftssinn entsteht, der keinen Raum für Mobbing lässt (Hymel, McClure, Miller, Shumka u. Trach, 2015).

Die **Group Socialization Theory** (Harris, 1995, 1998/2009) benennt einige dieser Gruppenprozesse (Prozesse zwischen verschiedenen Gruppen und Prozesse innerhalb einer Gruppe), welche das Auftreten von Mobbing zu erklären helfen:

Wenn Personen, unabhängig vom Alter, einer Gruppe zugeordnet werden, dann finden sogenannte Gruppenprozesse statt. Zum Beispiel versucht sich die Gruppe zu anderen Gruppen abzugrenzen. Es werden also vermehrt Informationen gesucht, die die Unterschiede der Gruppen hervorheben und dabei die Überlegenheit der eigenen Gruppe betonen, wobei Informationen über Ähnlichkeiten ignoriert werden. Die überlegene Wahrnehmung der eigenen Gruppe dient dabei dem Zugewinn an Selbstwert (Hymel et al., 2015). In Grundschulen findet man eine solche Abgrenzung häufig zwischen Jungen- vs. Mädchengruppen, später spielt das Geschlecht eine eher untergeordnete Rolle, wobei Alter, ethnische Zugehörigkeit und der soziale Status an Bedeutung gewinnen. Diese Gruppenprozesse und das »schlecht-machen« anderer Gruppen sind ein starker Nährboden für zwischenmenschliche Aggression und liefern beim Mobbing eine Erklärung bzw. Entschuldigung für die Aggression gegenüber einer Person, die nicht als Teil der Gruppe angesehen wird.

Neben diesen Prozessen, die zwischen zwei Gruppen stattfinden, gibt es zudem Prozesse, die innerhalb der Gruppe passieren. Dabei geht man davon aus, dass sich die Mitglieder einer Gruppe hinsichtlich ihrer Gedanken, Gefühle und Verhaltensweisen aneinander anpassen. So bildet die Gruppe eine gemeinsam geteilte Identität und Konformität, welche abweichendes Verhalten nicht toleriert. Je mehr man sich mit der Gruppe identifiziert, desto eher verteidigt man auch das Verhalten der Gruppe, was beim Mobbing konkret bedeuten könnte, dass man Täter- und Assistentenverhalten so rechtfertigt, indem man die Schuld bei der Person mit Opfererfahrung sucht, da sie eben der Gruppennorm nicht gerecht wird.

Dies verdeutlicht die Macht einer impliziten Gruppennorm, die – sofern sie von den Gruppenmitgliedern nicht hinterfragt und hinsichtlich höherstehender moralischer Prinzipien bewertet wird – zu Mobbing beitragen kann.

Die folgende Abbildung (Abb. 6: Prozess der Verhaltensänderung anhand der Inhalte von Fairplayer. Manual – Klasse 5–6 zugeordnet zu den Elementen der Theory of Planned Behavior) stellt den mit dem Präventionsprogramm Fairplayer.Manual – Klasse 5–6 intendierten Prozess der Verhaltensänderung durch die Veränderung von Gruppennormen dar.

Abbildung 6: Prozess der Verhaltensänderung anhand der Inhalte von Fairplayer.
Manual – Klasse 5–6 zugeordnet zu den Elementen der Theory of Planned Behavior

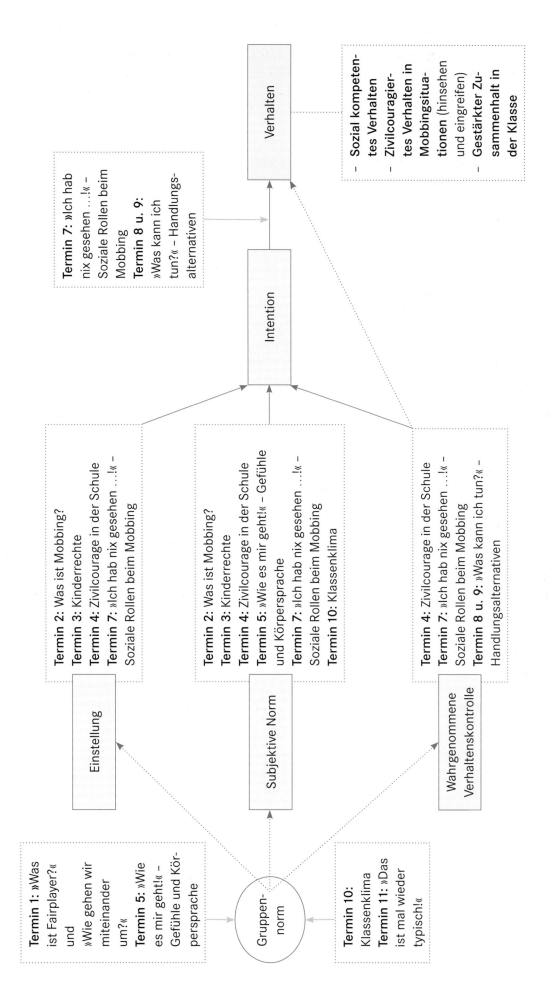

1.5 Das Fairplayer.Manual – Klasse 5–6 in der praktischen Umsetzung

Grundlegende Philosophie

Wie auch bei Fairplayer.Manual – Klasse 7–9 gibt es bei Fairplayer.Manual – Klasse 5–6 eine grundlegende, die konkreten Schritte des Programms überlagernde Grundphilosophie, welche Sie bei der Durchführung des Programms bedenken sollten:

Aktuelle Geschehnisse haben Vorrang. Aktuelle Geschehnisse, wie beispielsweise ein kürzlich aufgetretener Mobbing-Vorfall oder andere Ereignisse, die Ihre Schülerinnen und Schüler offensichtlich beschäftigen, sollten Sie vorrangig behandeln und mit Ihren Schülerinnen und Schülern thematisieren, unabhängig davon, in welcher Projektphase Sie sich gerade befinden. Auch wenn Fairplayer.Manual eine schrittweise Durchführung zur Zielerreichung vorgibt und Sie eine konkrete Stundenplanung »im Kopf haben«, bitten wir Sie, möglichst flexibel auf solche Ereignisse zu reagieren und ggf. vom ursprünglich geplanten Stundenablauf abzuweichen. Damit zeigen Sie, dass Sie die aktuellen Gefühle der Schülerinnen und Schüler wahr- und ernstnehmen und stärken somit das Vertrauen der Kinder sowie das Klassenklima.

Dies bedeutet aber nicht, dass jeder Kleinigkeit zwangsläufig Raum gegeben werden sollte. Sie kennen Ihre Klasse am besten und können sicherlich gut einschätzen, welchen Geschehnissen Vorrang gegeben werden muss und welchen nicht. Gerade jüngere Kinder haben bei sensiblen Themen ein starkes Mitteilungsbedürfnis, sodass nicht jedem Thema der gleiche Raum eingeräumt werden kann. Versuchen Sie hier nach eigenem Ermessen eine möglichst angemessene Balance zu finden.

Beispiel

Bei Termin 2 thematisieren Sie unterschiedliche Formen von Mobbing und haben ein straffes Programm vor sich. Bei der Sammlung verschiedener Mobbingbeispiele berichtet allerdings dann eines der Kinder von einer schlimmen, selbst erlebten (verbalen) Mobbingepisode. Nun wäre es sowohl für den betroffenen Schüler als auch für die gesamte Klasse unglaubwürdig, darüber einfach hinwegzugehen und nur den übergeordneten Punkt »es gibt auch verbales Mobbing« zu behandeln. Vielmehr sollten Sie auf die konkret berichtete Situation eingehen und die Klasse dazu Stellung beziehen lassen. Auch andere Ereignisse, die inhaltlich nicht direkt im Zusammenhang mit Fairplayer. Manual stehen, die Klasse jedoch offensichtlich stark beschäftigen (z. B. ein schlimmer Unfall eines Kindes, aktuelle Geschehnisse, die in den Nachrichten thematisiert wurden), rechtfertigen natürlich eine kurzfristige Veränderung der Programmdurchführung.

Den Kindern möglichst auf Augenhöhe begegnen. Hiermit ist gemeint, dass eine Grundhaltung vorherrschen sollte, die jede Stimme und Meinung berücksichtigt, Problemlösungen nicht nur vorgibt, sondern gemeinsam erarbeitet und diskutiert. Diese fundamentale Grundprämisse, den Kindern auf Augenhöhe zu begegnen, gestaltet sich gerade bei jüngeren Jahrgängen schwieriger und ist stark abhängig vom Entwicklungsstand der Kinder und dem Verhalten der Klasse. Zudem ist dies im oft immer noch stark hierarchischen Schulkontext und der klassisch-asymmetrischen Lehrer-Schüler-Beziehung nur bis zu einem gewissen Grad realisierbar. Vor allem jüngere Kinder benötigen mehr Struktur und Anleitung bei der Bearbeitung von Aufgaben, dennoch sollte bei Fairplayer. Manual versucht werden, die übergeordnete Grundhaltung immer zu berücksichtigen.

Beispiel

Als Durchführender hat die eigene Stimme bei der Abstimmung zur Festlegung von Gruppenregeln und Konsequenzen das gleiche Gewicht wie die der Kinder. Gibt es jedoch eine »Scherzregel« oder eine unmöglich umzusetzende Konsequenz, welche die Kinder einführen wollen, verstehen es die Schüler meist gut, dass man als Lehrkraft/Schulsozialarbeiter/Schulsozialarbeiterin in einem solchen Fall ein Veto einlegt und den Grund dafür darlegt.

Viele jüngere (Grundschul)Kinder orientieren sich sehr stark an der Meinung des Klassenlehrers/der Klassenlehrerin und arbeiten meist mit den Konzepten »richtig« und »falsch«. Bei Diskussionen, die eigene Erfahrungen und Meinungen thematisieren, sollten die Kinder verstärkt darauf hingewiesen werden, dass es hier kein »richtig« und »falsch« gibt und dass

Meinungen durchaus voneinander abweichen können. Versuchen Sie die Kinder dahingehend zu motivieren, ihre Beiträge so zu äußern, dass diese nicht nur darauf ausgelegt sind, Ihnen zu gefallen oder etwas besonders »Richtiges« oder »Gutes« zu sagen.

Freiwilligkeit. Das Thema »Freiwilligkeit« bezieht sich hier nicht auf die generelle Teilnahme am Programm, welches natürlich Teil des Schulcurriculums ist, sondern vielmehr auf die Art und den Umfang der Partizipation jedes Einzelnen. Das bedeutet, dass die Kinder selbst entscheiden können, müssen und sollen, wann bzw. ob sie sich zu bestimmten Themen in der Klasse äußern oder ob sie sich bei Rollenspielen aktiv beteiligen wollen. Dieser Punkt ist gerade bei den sensiblen und teilweise nahegehenden Themen sehr wichtig und schützt die jeweils individuelle Privatsphäre der Kinder. Eine erzwungene Teilnahme kann bei den Schülerinnen und Schülern verständlicherweise Reaktanz, d.h. Abwehrreaktion und Widerstände, erzeugen und das Vertrauen zerstören und ist somit auch nicht im Sinne von Fairplayer.Manual.

Damit ist natürlich nicht gemeint, dass sich die Kinder der Bearbeitung von Arbeitsblättern/Arbeitsaufgaben verweigern können, sie können jedoch selbst entscheiden, ob sie ihre Ergebnisse im Plenum vorstellen wollen. Meist sind die Kinder im Laufe der Stunde, auch wenn sie bei manchen Übungen »Startschwierigkeiten« haben, motiviert, mitzuarbeiten und haben eher zu viel Mitteilungsbedürfnis als zu wenig.

Sie können die Kinder natürlich zur Mitarbeit und Mitteilsamkeit anleiten, achten Sie jedoch bitte unbedingt darauf, den Kindern nicht das Gefühl zu vermitteln, dass es dabei um »Leistungen« oder ein »richtig oder falsch« geht.

Beispiel

Ein Schüler möchte partout nichts sagen bzw. sich nicht beteiligen. Nichtsdestotrotz soll er mit den anderen im Stuhlkreis sitzen bleiben bzw. an den Gruppenarbeiten etc. still mitwirken. In den meisten Fällen bekommt man diese Kinder im Laufe der Zeit wieder mit ins Boot. Spätestens beim ersten kooperativen Gruppenspiel sind sie nach unserer Erfahrung dann wieder mit dabei und beteiligen sich anschließend auch an den Programmschritten.

Nicht zu viel vorwegnehmen. Dieser Aspekt ist gerade bei jüngeren Kindern eine Herausforderung, da sie im Allgemeinen mehr Struktur und Vorgaben brauchen als weiterführende Klassen. Für die Nachvollziehbarkeit und Transparenz der Stunde ist es wichtig, dass Sie den Kindern zu Beginn der Stunde einen inhaltlichen Rahmen für diese vorgeben. Trotzdem sollten Sie versuchen, möglichst wenig konkrete beziehungsweise inhaltlich vorwegnehmende Informationen zu Beginn der einzelnen Schritte zu verkünden. So bleibt den Kindern die Möglichkeit, ihre eigenen Erfahrungen und Ideen einzubringen. Wird zu schnell Expertenwissen oder Wissen von außen (Lehrkräfte, SchulsozialarbeiterInnen etc.) vermittelt, besteht die Gefahr, dass die Ideenvielfalt der Kinder darunter leidet, da sie sich an den von den Erwachsenen vorgegebenen Informationen orientieren und so gedanklich in eine bestimmte Richtung gelenkt werden.

Beispiel

Für Termin 2 »Was ist Mobbing?« bedeutet das konkret, dass Sie zu Beginn keine konkreten Beispiele zu den verschiedenen Mobbingformen vorgeben, sondern die Kinder zunächst einmal frei assoziierend erarbeiten lassen, was für sie Mobbing bedeutet und was nicht.

Person/Persönlichkeit vs. Verhalten. Insbesondere in der Arbeit mit jüngeren Schülerinnen und Schülern ist es ganz besonders wichtig, ganz klar zwischen Person/Persönlichkeit und Verhalten einer Schülerin bzw. eines Schülers zu unterscheiden. Die Kinder beziehen Zurechtweisungen oder auch negative Konsequenzen bei Regelverstößen häufig nicht nur auf ihr Verhalten, sondern auch auf sich selbst als Person (»Die Lehrerin mag mich nicht«). Den Kindern sollte deshalb so klar wie möglich kommuniziert werden, dass das gerade gezeigte Verhalten so nicht akzeptabel ist, man jedoch die Schülerin/den Schüler nicht als Person/Persönlichkeit per se ablehnt bzw. nicht mag.

Wichtiges zur Durchführung von Fairplayer.Manual

Um Ihnen die Planung für die Durchführung von Fairplayer.Manual für die 5. und 6. Jahrgangsstufe zu erleichtern, möchten wir Ihnen zu Beginn einen kurzen Überblick über die Eckdaten und Rahmenbedingungen des Programms geben.

Zeitplanung. Die Durchführung von Fairplayer.Manual erfolgt optimal über zwölf Wochen in je einer Schul-Doppelstunde (90 Minuten) mit Ihrer Klasse.

Da es bei einigen Themenfeldern die Möglichkeit gibt, ein Thema über die zeitliche Grundplanung von Fairplayer.Manual hinaus zu vertiefen, liegt es an Ihnen, zu entscheiden, welches Thema Sie mit Ihrer Klasse ausdehnen möchten. Fairplayer.Manual für die 5. und 6. Klasse wird im Optimalfall von zwei Elternabenden eingerahmt, wobei der zweite Elternabend von den Schülerinnen und Schülern mitgestaltet werden soll.

Wie unsere Sprache unser Denken beeinflusst – Bezeichnung »Opfer« und »Täter«.

Da unser Sprachgebrauch die Art und Weise, wie wir über Personen oder Situationen denken nachweislich beeinflusst, möchten wir hier auf Bezeichnungen aufmerksam machen, die man im Umgang mit den Kindern möglichst vermeiden sollte.

Wir wollen Kinder nicht in bestimmte Rollen drängen oder Ihnen das Etikett »Opfer« oder »Täter« aufdrücken, sondern deutlich machen, dass ein Kind jemand sein kann, der gemobbt wird oder selbst andere mobbt. Dies definiert aber nicht automatisch die eigene Person/Persönlichkeit (Stichwort: Schubladendenken). Wir möchten deshalb unbedingt empfehlen, bei der Durchführung von Fairplayer.Manual in einer Schulklasse/Gruppe von Kindern, in Bezug auf die eigene Klasse bzw. die Jugendlichen in der Klasse, nicht von »Opfern« und »Täterinnen/Tätern« zu sprechen, sondern, bezogen auf das Verhalten, von »Schülerinnen und Schülern, die andere mobben« und »Schülerinnen und Schülern, die gemobbt werden«.

Fairplayer.Manual ist kein klassischer Unterricht.

Wir empfehlen, das Fairplayer.Manual explizit vom Fachunterricht abzugrenzen, z. B. indem es zu Fairplayer.Manual keine Noten (Mitarbeitsnoten, Tests, etc.) gibt und die Sitzordnung – wenn möglich – hin zum Stuhlkreis verändert wird. Dies ist insbesondere deswegen wichtig, da die Kinder angeregt werden sollen, ihre eigene Meinung zu äußern, sich in Perspektivübernahme zu üben und das eigene Verhalten kritisch zu hinterfragen. Hierfür sollen sich die Kinder möglichst von einem »Bewertungskontext« lösen und nicht überlegen, welche Antwort »erwünscht« ist. Es hat sich bewährt, einen Stuhlkreis zu bilden, denn so können Diskussionen unter den Schülerinnen und Schülern besser gestaltet werden und niemand wird übersehen. Ein Stuhlkreis bietet sich außerdem an, um sensible Themen anzusprechen, da hier die übliche frontale Sitzstruktur, die vorrangig mit Fachunterricht in Verbindung gebracht wird, aufgehoben wird.

Da die Umsetzung von Fairplayer.Manual im Rahmen des normalen Unterrichtscurriculums stattfinden soll (falls möglich keine zusätzlichen Stunden am Nachmittag für die Durchführung von Fairplayer, in denen die Kinder sonst Freizeit hätten), ist es zudem wichtig, die Durchführung durch Einstiegs- und Abschlussrituale vom normalen Unterrichtsgeschehen abzugrenzen (s. nächster Punkt). Während der Durchführung von Fairplayer.Manual wird den Schülerinnen und Schülern auch schnell klar, dass sich die Herangehens- und Arbeitsweise bzw. die Methoden und Übungen des Programms in vielen Punkten vom normalen Unterrichtsgeschehen unterscheiden.

Bedeutung von Ritualen im Programmablauf.

Das Ampelkartenritual (genaue Beschreibung siehe Termin 1) zu Beginn und zum Ende jedes 90-minütigen Fairplayer.Manual-Termins ist zentraler Bestandteil der Programmdurchführung. Wiederkehrende Rituale sind für Kinder u. a. wichtig, um sich von einem Kontext lösen zu können (Unterricht) und in einen anderen einzutauchen (Fairplayer) oder auch, um verlässliche Bezugspunkte im Rahmen der Fairplayer.Manual-Stunden zu haben. Wiederholen Sie die Ampelkarten- bzw. »Wie geht es mir-« und Feedback-Runden deshalb unbedingt zu Beginn und zum Ende jedes Fairplayer.Manual-Termins.

Komplette Durchführung von Fairplayer.Manual.

Wir empfehlen dringend, das Fairplayer.Manual in seiner Gesamtkonzeption – mit allen Terminen – in einer wöchentlichen Struktur vollständig durchzuführen, da der Aufbau einer psychologisch-pädagogischen Logik und Struktur folgt. So ist beispielsweise das erste Rollenspiel erst in Termin 7 zu finden, da vorher einige Voraussetzungen geschaffen werden müssen, die für das Gelingen dieser Methode zentral sind: ein geschützter Rahmen, gegenseitiges Vertrauen sowie klare Gruppenregeln/Feedbackregeln. Wir weisen an dieser Stelle auf diesen Umstand hin, weil es nach unserer langjährigen Erfahrung an Schulen allzu oft passiert, dass aus verschiedenen Programmen zur Förderung sozialer Kompetenzen und Prävention von Mobbing, einzelne Übungen »herausgepickt« werden und diese zu einem eigenen, nicht evaluierten Konzept zusammengestellt werden. Hier kann es dann im schlimmsten Fall sogar zu sogenannten iatrogenen Effekten kommen, also dass durch dieses »zusammengewürfelte Programm« nicht weniger Mobbing und Gewalt folgen, sondern sogar mehr Mobbing auftritt als zuvor oder zumindest eine Verbesserung der Situation ausbleibt. Das Programm Fairplayer.Manual ist in seiner jetzigen Version positiv evaluiert worden.

Zudem empfehlen wir dringend, die wöchentliche Durchführung mit einem 90-minütigen Fairplayer. Manual-Termin pro Woche über einen längeren Zeitraum beizubehalten. Organisatorisch mag es für Schulen einfacher und überschaubarer sein, das Programm »am Stück«, z. B. in einer Mobbing-Projektwoche durchzuführen, dies ist jedoch nicht zielführend und wir raten daher dringend davon ab. Bestimmte Wirkungen des Programms ergeben sich erst durch die Arbeit mit den Methoden, durch Nachdenken und Ausprobieren »mit der Zeit«. Eine reine »Mobbing-Projektwoche« mit dem Fairplayer.Manual geht u. U. nicht über die Ebene der Wissensvermittlung hinaus und es entstehen dadurch keine langfristigen und nachhaltigen Effekte (z. B. Aufbau von Kompetenzen) für die Schülerinnen und Schüler. Die Entwicklung sozialer und emotionaler Kompetenzen, die Verbesserung des Klassenklimas und der Klassengemeinschaft stellen das Resultat langfristiger Prozesse dar, welche eine kontinuierliche Arbeit mit den Schülerinnen und Schülern über einen längeren Zeitraum erfordern, auch über die Projektphase von Fairplayer. Manual hinaus (um Effekte auch zu erhalten!). Vor allem in Bezug auf die Gruppendynamik in den Klassen passiert – angestoßen durch Fairplayer.Manual – auch in den Wochen zwischen den 90-minütigen Terminen emotional und kognitiv sehr viel bei den Kindern, diese Wirkungen würden bei einer Komprimierung in einige Projekttage oder eine Projektwoche komplett verloren gehen und den Erfolg des Programms grundlegend gefährden.

Durchführung alleine oder im Tandem. Wir empfehlen die Durchführung von Fairplayer.Manual im Moderatorengespann bzw. im Tandem, im Optimalfall bestehend aus der Klassenlehrerin/dem Klassenlehrer und einer Schulsozialarbeiterin/einem Schulsozialarbeiter.

Dies ist neben ergänzenden Sichtweisen vor allem für die Durchführung von komplexeren Übungen (mit mehreren Gruppen) hilfreich. Zudem erleichtert diese Konstellation die Vorbereitung der Programmschritte. Wir möchten an dieser Stelle noch einmal ausdrücklich darauf hinweisen, dass die Klassenlehrerin bzw. der Klassenlehrer ein wichtiger Bestandteil der Klasse und somit auch der Durchführung von Fairplayer.Manual ist, nicht nur als anleitende »Fachperson«, sondern vielmehr als expliziter Teil der Gruppe. Fairplayer.Manual ist dabei ein Programm, das nicht allein von den SchulsozialarbeiterInnen durchgeführt werden sollte, vielmehr sind die Lehrkräfte wichtige Personen für die Wirkung des Programms im Klassenverband!

Sie können Fairplayer.Manual natürlich auch alleine durchführen. Wichtig ist nur, dass die Betreuung der Gruppe in den Fairplayer-Stunden so sichergestellt werden kann, dass im Laufe der Zeit eine Vertrauensbasis aufgebaut werden kann, die für die Bearbeitung sensibler Themen im Rahmen des Programms von zentraler Bedeutung ist.

Wir würden auch davon abraten mehr als 2–3 erwachsene ModeratorInnen pro Schulklasse in die Durchführung einzubeziehen. Außerdem sollten Sie darauf achten, dass die durchführenden Personen nicht ständig wechseln, da mit den Kindern eine Vertrauensbasis aufgebaut wird, die in der Form nicht möglich ist, wenn z. B. zur Hälfte der Durchführung eine andere Lehrerin/ein anderer Lehrer das Programm weiterführt bzw. »übernimmt«.

Auch von Beobachtern bzw. Hospitationen bei einzelnen Terminen, z. B. beim Rollenspiel in Termin 7, von Eltern oder anderen Lehrerinnen/Lehrern würden wir dringend abraten. Es mag sicherlich sinnvoll erscheinen zu bestimmten Terminen jemanden hospitieren zu lassen, aber hier wird der erarbeitete sichere Rahmen aufgebrochen, der für die zum Teil hochsensiblen Thematiken benötigt wird, und die Jugendlichen verhalten sich sicher anders, wenn projektfremde Personen anwesend sind.

Kommunikations- und Feedbackkultur. Die Entwicklung einer positiven Kommunikations- und Feedbackkultur ist im Programm Fairplayer.Manual kein Thema, dem z. B. nur ein eigener 90-Minuten Termin gewidmet ist, sondern diese wird implizit durch die Methodik und die Konzeption der Übungen von Fairplayer.Manual über die gesamte Projektzeit gefördert. Ein kooperatives Miteinander, eine positive Zusammenarbeit, das Miteinander-Diskutieren und Anhören verschiedener Meinungen, das gegenseitige Zuhören und Aufeinander-Eingehen sind nur einige Aspekte, die zur Entwicklung einer positiven Kommunikations- und Feedbackkultur beitragen, die für ein erfolgreiches gemeinsames Leben und Lernen in der Klasse sehr wichtig ist.

Hilfsangebote für Schülerinnen und Schüler. Es ist sehr wichtig, den Schülerinnen und Schülern im Rahmen der Durchführung von Fairplayer.Manual konkrete Hilfsangebote zum Thema Mobbing näherzubringen bzw. sie darauf aufmerksam zu machen, dass es organisatorische Stellen gibt, an die sie sich (z. B. auch anonym) wenden können, um Hilfe zu bekommen. Sie können einige Hilfsangebote auf einem Plakat im Klassenzimmer aufhängen, sodass die Kinder auch ohne unerwünschte Aufmerksamkeit zu erregen (anonym), die Kontaktadressen einsehen können. Da sich die Hilfsangebote im Laufe der Zeit verändern bzw. erweitern können, finden Sie diese im Downloadbereich und nicht hier im gedruckten Manual. So können wir gewährleisten, dass zum Beispiel Telefonnummer und Links zu Internetseiten, die Sie dort finden und den Schülerinnen und Schülern vorstellen, aktuell sind.

Filmen u. Fotos. Wir empfehlen zu manchen Terminen von Fairplayer.Manual, dass Sie die Rollenspiele oder andere Übungen filmen bzw. fotografieren sollten, um sich diese Materialien zu einem späteren Zeitpunkt, z. B. sechs Monate oder ein Jahr später, mit Ihren Kindern erneut anschauen und darüber diskutieren zu können. Mit dem Festhalten von Übungen (vor allem Rollenspielen) aus Fairplayer.Manual als Filme oder Fotos haben wir sehr gute Erfahrungen gemacht und würden Ihnen dies daher hier auch ausdrücklich empfehlen. Es ist jedoch sehr wichtig, darauf zu achten, dass Sie die Filme und Fotos nicht aus der Hand geben, um zu vermeiden, dass die Materialien auf diversen Plattformen im Internet landen. Hierzu bietet es sich auch an, ausschließlich eigene oder von der Schule bereitgestellte Geräte zu verwenden. Auf keinen Fall sollte z. B. mit einem Handy einer Schülerin/eines Schülers gefilmt oder fotografiert werden! Zudem würden wir Ihnen empfehlen aufgrund der neuen Datenschutzverordnungen das Einverständnis der Eltern einzuholen.

Elternarbeit im Rahmen von Fairplayer.Manual – Klasse 5–6. Die Elternarbeit haben wir für Sie in einem eigenen Abschnitt detailliert beschrieben. An dieser Stelle bereits folgende Information, um Ihnen die Zeitplanung zu erleichtern: Bei Fairplayer.Manual sind zwei Elternabende geplant, die die Durchführung des Programms umrahmen sollen. Der erste Elternabend soll über das anstehende Projekt informieren und beim zweiten (gemeinsamen) Eltern- und Schülerabend sollen die Kinder mit Ihrer Hilfe auf kreative Art und Weise Arbeitsergebnisse aus der Fairplayer-Zeit den Eltern und Erziehungsberechtigten vorstellen. Hierfür ist natürlich wichtig, den Kindern rechtzeitig Einladungen für die Elternabende mitzugeben. Da es aus zeitlichen Gründen manchmal nicht

realisierbar ist, zwei Elternabende stattfinden zu lassen, folgender Hinweis: Der zweite Elternabend ist in seiner Bedeutung zentraler. Sie können die Eltern also statt des ersten Elternabends auch über ein Informationsblatt vorab über das Programm informieren und wenn möglich zwei- bis dreimal während der Projektphase einen »Newsletter« verschicken, wodurch die Erziehungsberechtigten über die bearbeiteten Themen und Programmschritte informiert werden. Um Ihnen die Vorbereitung zu erleichtern, haben wir detailliert die Abläufe und Gestaltungsmöglichkeiten für den/die Elternabende beschrieben.

> **Wichtiger Hinweis:** Es bietet sich an, während der gesamten Durchführung von Fairplayer.Manual für die 5. und 6. Jahrgangsstufe Bilder von der Klasse, interaktiven Übungen mit den Kindern, Tafelbilder, Materialien und ggf. selbst gestalteten Collagen festzuhalten. Halten Sie hierfür eine Kamera aus dem Schulrepertoire oder eine eigene Handykamera bereit (nutzen Sie hierfür bitte nicht die Geräte der Kinder, um sicherzustellen, dass die Bilder nicht in Hände unbefugter Dritter geraten). Die Bilder helfen dabei, die Fairplayer-Zeit Revue passieren zu lassen und können möglicherweise auch den zweiten Elternabend bereichern. Außerdem halten Sie so viele schöne Erinnerungen fest, auf die Sie auch zukünftig gemeinsam mit den Kindern zurückgreifen können.

Methodische Hinweise für die Durchführung

(1) Methode zur Steigerung der Neugierde auf Fairplayer.Manual bei den Kindern
Um die Spannung auf Fairplayer bei den Schülerinnen und Schülern vorab zu steigern, können Sie 1–3 Wochen vorher einen Abreißkalender (»noch 20 Tage bis zu Fairplayer«) aufhängen. So wird jeder Tag bis zum Start von Fairplayer.Manual heruntergezählt und vielleicht machen sich die Kinder bereits Gedanken über das anstehende Projekt.

(2) »Fairplayer-Heft«
Besonders bei jüngeren Schülerinnen und Schülern bietet es sich an, ein eigenes Heft für das Projekt anzulegen. Dort können die Kinder alle Arbeitsblätter einkleben, sich Notizen machen und Arbeitsaufträge erledigen. So geht auch nach der Programmphase nichts verloren.

2 Elternarbeit zum Fairplayer.Manual – Klasse 5–6

Da sich die Schülerinnen und Schüler während der Durchführung von Fairplayer.Manual für die 5. und 6. Jahrgangsstufe mit verschiedenen sensiblen Themen auseinandersetzen, ist es ganz natürlich und auch wünschenswert, wenn sich die Kinder über den Unterricht hinaus mit diesen Inhalten befassen oder über manche Erkenntnisse nachdenken. Hierfür ist es essentiell, dass auch die Eltern und Erziehungsberechtigten über die Durchführung und Inhalte von Fairplayer.Manual informiert sind.

Es ist wesentlich schwieriger, gegen Mobbing an einer Schule vorzugehen, wenn Lehrer- und Elternschaft unterschiedliche Einstellungen dazu haben. Daher ist es sehr wünschenswert, eine Zusammenarbeit anzustreben.

Wie kann dies am besten erreicht werden? Transparenz von Unterrichtsinhalten, Sensibilisierung für bestehende Probleme und ein Angebot von Handlungshilfen signalisieren zunächst die Bereitschaft zur gemeinsamen Auseinandersetzung und wirken sich langfristig positiv auf die Kooperationsbereitschaft der Eltern mit der Schule aus.

Diese Ziele sollen mit dem **ersten** Informationsabend für Eltern verfolgt werden. Insgesamt sind für die Durchführung von Fairplayer.Manual für die 5. und 6. Jahrgangsstufe mindestens zwei Elternabende eingeplant, einmal vor Beginn der Durchführung und einmal als Event zusammen mit den Schülerinnen und Schülern nach dem Ende der Projektphase – Sie können aber gern bei Bedarf weitere Elternabende veranstalten. Der erste Elternabend findet vor der Durchführung statt und soll die Elternschaft darüber informieren, was Fairplayer.Manual eigentlich ist, worauf es langfristig abzielt und was die Kinder in den kommenden Wochen konkret erarbeiten. Auch wenn Sie nur einzelne Eltern zur Zusammenarbeit gewinnen können und einige andere sich von der Einladung zum Informationsabend nicht angesprochen fühlen, kann sich das soziale Miteinander einer Schule bereits durch den Abend nachhaltig verändern.

Gemeinsame positive Aktivitäten haben einen starken Einfluss auf das soziale Klima, und die Bereitschaft, aufeinander zuzugehen. Der zweite Elternabend (dies wurde auch schon im Programmschritt 10 beschrieben) ist daher so aufgebaut, dass Eltern, Schülerinnen, Schüler und Lehrerinnen, Lehrer hinterher ein gemeinsames, positives Erlebnis teilen. Zusätzlich werden Inhalte und Einstellungen aus der Programmphase des Fairplayer.Manuals für die 5. und 6. Jahrgangsstufe den Eltern vermittelt, um zu zeigen, wie auch zukünftig an der Schule gegen Mobbing präventiv vorgegangen werden kann und so für ein positiveres Miteinander im Schulalltag gesorgt wird.

> **Hinweis:** Bitte nehmen Sie sich nach Möglichkeit Zeit für beide Elternabende, auch wenn Ihr Zeitplan es kaum zulässt! Nach unserer Erfahrung erreichen Sie durch den ersten Informationsabend bereits mehr Eltern als bei »normalen« Elternabenden. Und Sie erleben vielleicht aufgrund der positiven Aktivitäten beim zweiten Elternabend zum ersten Mal, dass Eltern, die sich normalerweise wenig kooperativ zeigen, nun eher bereit sind, auf Sie zuzugehen.

Sollte sich als Resultat aus den beiden Elternabenden der Wunsch bei den Eltern entwickeln, Arbeitsgruppen zu den Themen »Umgang mit Gewalt« oder zu damit zusammenhängenden Themen ins Leben zu rufen, so haben Sie das langfristige Ziel erreicht, die Eltern zu aktiven Mitgestaltern an der Schule und als Partner in der Erziehung zu gewinnen.

Erster Elternabend (Informationsabend)

Ziel des ersten Elternabends ist, den Erziehungsberechtigten die Ziele und die Vorgehensweise von Fairplayer.Manual für die 5. und 6. Jahrgangsstufe vorzustellen, um so Transparenz herzustellen. Zudem sollen den Eltern und Erziehungsberechtigten Handlungshilfen vermittelt werden, wie sie selbst bei beobachteten und erlebten Mobbingfällen bei ihren Kindern vorgehen können. Der erste Elternabend findet ohne die Schülerinnen und Schüler statt.

Sie finden eine Vorlage der PowerPoint-Präsentation, die Sie für den Elternabend nutzen können, Handouts für Eltern von Mobbing betroffener Kinder sowie einen detaillierten Ablaufplan für die Veranstaltung im Downloadbereich.

Zweiter Elternabend: Schüler-Eltern-Abend

Der zweite Elternabend ist ein Eltern-Schüler-Abend, bei dem Sie gemeinsam mit den Kindern auf kreative und interaktive Art und Weise, den Eltern und Erziehungsberechtigten verdeutlichen, was in der Fairplayer-Zeit erarbeitet und gelernt wurde. Dieser gemeinsame und unterhaltsame Elternabend soll vor allem den gegenseitigen sozialen Austausch fördern und die Zusammenarbeit zwischen Eltern, Schülerinnen und Schülern, Lehrkräften und SchulsozialarbeiterInnen stärken.

Es gibt verschiedene Möglichkeiten, wie Sie diesen Elternabend gestalten können. Die Vorbereitung des Elternabends mit den Schülerinnen und Schülern stellt einen eigenen inhaltlichen Schritt im Laufe der Durchführung von Fairplayer.Manual dar und ist daher im Programmablaufplan enthalten. Einen konkreten Vorschlag und weitere Ideen für die Gestaltungsmöglichkeiten des zweiten Elternabends finden Sie im letzten Fairplayer-Termin *Rückschau und Vorbereitung des Elternabends* dargestellt.

Durch die beiden Veranstaltungen soll eine Sensibilisierung der Eltern für das Thema Mobbing erreicht werden (z. B. sollen Eltern für mögliche Signale einer Mobbingbeteiligung ihres Kindes sensibilisiert werden), aber auch die Zusammenarbeit bei Gewalt- und Mobbingproblemen, die eventuell in der Klasse bestehen, verbessert werden. Wenn Lehrerinnen und Lehrer, Schülerinnen und Schüler sowie Eltern diesbezüglich an einem Strang ziehen und positiv kooperieren, kann dies langfristig einen großen Nutzen für das Klassenklima und die Klassengemeinschaft haben.

3 Fort- und Ausbildung zur Umsetzung des Programms

Die Programmumsetzung erfolgt derzeit a) im Rahmen von Lehrveranstaltungen des Studiengangs Grundschulpädagogik an der Freien Universität Berlin (grundständige Lehrkräftebildung) und b) durch sog. »MultiplikatorInnen-Fortbildungen« für bereits im Schuldienst tätige LehrerInnen, SchulsozialarbeiterInnen und SchulpsychologInnen. Hinweise zum Ablauf des Qualifikationsprozesses finden Sie unter www.fairplayer.de und www.fairplayer-fortbildung.de sowie im Fairplayer.Manual – Klasse 7–9 (Scheithauer et al., 2019).

4   Erste Teilevaluation des Programms

Im Rahmen der Entwicklung des Programms für die 5. und 6. Jahrgangsstufe erfolgte eine erste Teilevaluation der Wirksamkeit (Braun u. König, 2016).

Hierfür wurde die Häufigkeit von Mobbing, Veränderungen hinsichtlich der Variablen Empathie, Popularität/sozialer Gruppenstatus sowie Variablen des Klassenklimas im Rahmen eines Prä-Post-Vergleichs (t1 = unmittelbar vor der Durchführung des Fairplayer.Manual-Projektes; t2 = unmittelbar nach der Durchführung) mit zwei 5. Klassen einer Brandenburger Grund- und Oberschule untersucht. Die Stichprobe setzte sich aus 50 Schülerinnen und Schülern (22 Mädchen und 28 Jungen) im Alter von 9 bis 11 Jahren zusammen. Da nicht alle Eltern/Erziehungsberechtigten ihr Einverständnis erklärten, nahmen letztlich 45 Schülerinnen und Schüler an der Pilotevaluation des Projektes teil. Zusätzlich wurde ein Fragebogen für die beiden Klassenlehrer zur eingeschätzten Rollenverteilung der Schülerinnen und Schüler beim Mobbing nach dem Participant-Role-Ansatz nach Salmivalli et al. (1996) im Prä-Post-Vergleich eingesetzt. Eine qualitative Auswertung der Verhaltensveränderungen in den beiden Klassen und zur Beurteilung des Projekts durch die Lehrer erfolgte retrospektiv mittels eines leitfadengestützten Interviews. Hierbei wurden folgende Themenbereiche erfragt:
- generelle Einschätzung des Programms,
- Bereitschaft und tatsächliche Beteiligung der Schülerinnen und Schüler am Projekt
- Verhaltensänderungen der Schülerinnen und Schüler,
- Veränderungen des Klassenklimas,
- Relevanz der Problematik »Mobbing« vor und nach dem Programm,
- Einschätzung der Methoden des adaptierten Fairplayer.Manuals,
- Einschätzung der Eltern bzgl. des Programms,
- Verbesserungsvorschläge (aus didaktisch-pädagogischer Sicht).

Die Ergebnisse zeigen, dass selbstberichtetes Mobbing nach der Durchführung des Projektes abgenommen und Empathie von t1 zu t2 zugenommen hat. Die Werte waren aufgrund der kleinen Stichprobe allerdings nicht signifikant. Jedoch konnte nachgewiesen werden, dass sich das Klassenklima von t1 zu t2 signifikant verbessert hat. Auch die Experteninterviews zu den oben genannten Themen lieferten Ergebnisse mit einer positiven Tendenz, jedoch konnten aufgrund des positiven Ausgangniveaus der Klassen, der geringen Stichprobengröße und der kurzen Durchführungszeit keine signifikanten Verhaltensänderungen bei den Schülerinnen und Schülern festgestellt werden. Nichtsdestotrotz gaben die Lehrer positive Tendenzen besonders bezüglich der Veränderung des Klassenklimas und dem Einbezug der Eltern in das Projekt an. Zu einem späteren Zeitpunkt soll eine Evaluation mit einer wesentlich größeren Stichprobe durchgeführt werden.

5 | Umsetzung der Programmschritte

Im Folgenden finden Sie eine Übersicht über die einzelnen Programmtermine. Pro Termin werden 90 Minuten eingeplant.

Termine	Ziele
Erster (informativer) Elternabend	– Eltern und Erziehungsberechtigte über das Programm Fairplayer. Manual informieren und für die Inhalte sensibilisieren – Wissenstransfer ins häusliche Umfeld – Kooperation zwischen Eltern und Institution Schule stärken
Termin 1: **Einführung ins Thema:** **»Was ist Fairplayer?« und** **Einführung in die Arbeitsmethoden: »Wie gehen wir miteinander um?«**	– Kennenlernen – Einstieg in das Projekt Fairplayer und Überlegung, wie sich ein »Fairplayer« verhält – Arbeitsmethoden des Fairplayer.Manuals kennenlernen – Klassenregeln reflektieren und »Fairplayer-Regeln« für den Umgang miteinander in der Projektphase festlegen
Termin 2: **Was ist Mobbing?**	– unterschiedliche Formen von Mobbing im Kontext Schule diskutieren und eigene Erfahrungen reflektieren – Sensibilisierung für die Wahrnehmung verschiedener Mobbingformen
Termin 3: **Kinderrechte**	– Beitrag zur Wertebildungsarbeit an Schulen – Erkenntnis, dass Kinder – ebenso wie Erwachsene – Rechte haben, die gewahrt werden sollen – Erkenntnis, dass Mobbing ein Verstoß gegen Kinderrechte darstellt und für betroffene Personen weitreichende Konsequenzen haben kann – engere Identifikation mit einem/r »Fairplayer/in«
Termin 4: **Zivilcourage in der Schule ...** **»Was ist das?«**	– Differenzierte Auseinandersetzung mit dem Thema Zivilcourage in der Schule und Erarbeitung einer gemeinsamen Definition des Begriffs
Termin 5: **»Wie es mir geht« –** **Gefühle und** **Körpersprache**	– Wahrnehmung von Körpersignalen und Gefühlen der eigenen Person und anderer Personen verbessern – Bedeutung von Kontextinformationen und maskierten Emotionen für die Interpretation von Emotionsausdrücken berücksichtigen – Förderung von Empathie und Perspektivenübernahme
Termin 6: Vorbereitung der Methode Rollenspiel	– Vorbereitung für die Rollenspiele in den Terminen 7, 8 und 9 – Förderung der Perspektivübernahme – Vertiefung der Termine 2 (Was ist Mobbing?) und 5 (Emotionen)
Termin 7: **»Ich hab nix gesehen ...!«** **Soziale Rollen beim** **Mobbing** *(Wiederholung des Termins wird empfohlen)*	– Rollen beim Mobbing erkennen – Sensibilisierung der Wahrnehmung von Gruppenprozessen beim Mobbing – sich in verschiedene Rollen hineinversetzen – Empathie und Perspektivenübernahme verbessern

Termine	Ziele
Termin 8 u. 9: **»Was kann ich tun?«** – **Handlungsalternativen**	– Transfer auf eigene Lebenssituation – Handlungsmöglichkeiten kennenlernen und erleben – Perspektivenübernahme und Empathie verbessern
Termin 10: **»Unsere Klasse«** – **Klassenklima**	– Wohlbefinden und Zusammenhalt in der Klasse steigern – Verbesserung der Arbeitsmotivation und der Interaktionsmuster – Positive Identifikation mit der Klasse – Problemidentifikation und Diskussion von Lösungsvorschlägen
Termin 11: **»Das ist mal wieder** **typisch!«**	– Förderung von Perspektivenübernahme und Empathie – Eigen- und Fremdwahrnehmung fördern – Wertschätzung der Meinungen Anderer – Förderung eines positiven Klassenklimas
Termin 12: **Rückschau und Vorberei-** **tung des 2. Elternabends**	– Zusammenfassung und Wiederholung der gewonnenen Erkenntnisse – Stärkung des Klassenklimas und gemeinsame Planung des Eltern- abends
Zweiter Elternabend **(gemeinsamer Eltern-Kind-** **Abend)**	– Wissenstransfer ins häusliche Umfeld – Präsentation der erarbeiteten und erlernten Themen im Rahmen der Durchführung des Fairplayer.Manuals – Stärkung einer positiven Kommunikation und Kooperation zwischen Schulpersonal, Eltern/Erziehungsberechtigten und Kindern – Verleihung der Fairplayer.Manual-Urkunden

5.1 Termin 1: Einführung ins Thema: »Was ist Fairplayer?« und Einführung in die Arbeitsmethoden: »Wie gehen wir miteinander um?«

Der erste Fairplayer.Manual-Termin kombiniert die Schritte 1: *Einführung ins Thema: »Was ist Fairplayer?«* und 2: *Einführung in die Arbeitsmethoden: »Wie gehen wir miteinander um?«* in einer Doppelstunde. Ziel dabei ist, dass die Schülerinnen und Schüler anhand eines Arbeitsblattes Assoziationen zum Begriff *Fairplayer* aufstellen und so das Programm kennenlernen und erfahren, was sie in den nächsten Wochen erwartet. Im zweiten Teil des Termins erarbeiten Sie zusammen mit den Kindern die Arbeitsmethoden des Fairplayer.Manuals. Die Schülerinnen und Schüler lernen die Ampelkartenrunde als zentrales Einstiegsritual in jede Fairplayer.Manual-Stunde kennen und generieren Klassenregeln, die während der Projektzeit – und ggf. auch darüber hinaus – gelten sollen. Hinzu kommt, dass die Kinder eigenständig Konsequenzen erarbeiten, die bei Verletzung der Regeln folgen sollen.

KURZÜBERBLICK TERMIN 1

Gliederung			
A		Begrüßung und Einführung ins Thema	10 Minuten
B	1	Bearbeitung und Auswertung des Arbeitsblattes »Was ist ein Fairplayer/ eine Fairplayerin?«	20 Minuten
	2	Einführung der Ampelkartenrunde	10 Minuten
	3	Gedankenexperiment	10 Minuten
	4	Gemeinsame Klassenregeln- und Konsequenzenfindung	30 Minuten
C		Feedbackrunde	5–10 Minuten

Materialien
– Ampelkarten (s. Downloadbereich) – Arbeitsblatt »Was ist ein Fairplayer/eine Fairplayerin?« (s. Downloadbereich) – Filzstifte – Flipchart oder Alternative (z. B. Packpapier) – Klebestift/Klebeband (zum Aufhängen des Plakates) – Informationen bezüglich existierender Klassenregeln einholen

Ziele
– Kennenlernen – Einstieg in das Projekt Fairplayer und Überlegung wie sich ein »Fairplayer« verhält – Arbeitsmethoden von Fairplayer kennenlernen – Klassenregeln reflektieren und »Fairplayer-Regeln« für den Umgang miteinander in der Projektphase festlegen

A) Begrüßung und Einführung ins Thema (10 Minuten)

① Beginnen Sie die Stunde im Stuhlkreis, in dem Sie kurz einleiten, dass nun die Fairplayer.Manual-Projektphase beginnt. Ihre Schülerinnen und Schüler werden bestimmt bereits darauf aufmerksam geworden sein, dass Sie dieses Projekt mit ihnen durchführen wollen, wenn Sie z. B. bereits ein Plakat dazu in der Klasse aufgehängt oder einen Abreißkalender eingeführt haben. Achten Sie darauf, zu Beginn nicht zu detaillierte Informationen über Fairplayer.Manual zu geben, sodass die Kinder unvoreingenommen und ideenreich mit dem Projekt beginnen können.

② Falls Sie die Klasse noch nicht kennen sollten, bietet sich hier eine kurze Vorstellungsrunde an, wobei Sie, jede Schülerin und jeder Schüler seinen/ihren Namen sowie beispielsweise das Lieblingstier und das Lieblingsessen nennt. So wird gleich zu Beginn eine lockere Atmosphäre erreicht, und es ist für Sie möglich, eine vertrauensvolle Beziehung zu den Kindern aufzubauen. Dies ist bei Fairplayer.Manual besonders wichtig, da sensible Themen während der Umsetzung angesprochen werden. Durch eine vertrauensvolle Beziehung und den entsprechenden Umgang miteinander, wird es den Kindern leichter fallen, sich zu öffnen und persönliche Erfahrungen Preis zu geben.

③ Gehen Sie anschließend direkt zur Bearbeitung des Arbeitsblattes »Was ist ein Fairplayer?/Was ist eine Fairplayerin? « über.

B 1) Bearbeitung und Auswertung des Arbeitsblattes:
»Was ist ein Fairplayer/eine Fairplayerin?« (20 Minuten)

① Leiten Sie nun die Bearbeitung des Arbeitsblattes ein.

💬 *»Ich habe ein Arbeitsblatt für euch vorbereitet, denn wir wollen herausfinden, was ein Fairplayer/eine Fairplayerin eigentlich ist. Es geht darum was ihr mit dem Begriff ›Fairplayer‹ verbindet. Dazu findet ihr auf dem Arbeitsblatt verschiedene Fragen, die ihr beantworten könnt. Hierbei gibt es kein Richtig und kein Falsch. Schreibt einfach auf, was euch als erstes in den Sinn kommt. Vielleicht bekommt ihr dadurch eine Idee, was das für ein Projekt sein kann, mit dem wir uns in den nächsten Wochen beschäftigen. Eure Ergebnisse tragen wir danach an der Tafel zusammen [...]«*

② Sollten die Kinder Schwierigkeiten haben, die Fragen zu beantworten, versuchen Sie ihnen weitere Hinweise zu geben (z. B. *»Denkt an das Wort ›fair‹ und was es beispielsweise im Sport bedeutet.«* oder *»Was ist denn ein ›Fairplay‹?«* bzw. *»Was bedeutet es, sich im Alltag gegenüber anderen Personen ›fair‹ zu verhalten?«*). Die Kinder sollten erkennen, dass sie einen ›Fairplayer‹ vor allem in Konfliktsituationen (evtl. Mobbingsituationen) gern an ihrer Seite hätten, denn ein Fairplayer ist jemand, der immer versucht, fair und gerecht zu handeln und hilft, Konflikte zu lösen.

Die Kinder benötigen erfahrungsgemäß ein paar Denkanstöße bei dieser Aufgabe, wenn sie diese erhalten haben, sind sie aber meist sehr gut in der Lage, das Arbeitsblatt zu bearbeiten und haben viele kreative Ideen.

③ Anschließend erfolgt die Auswertung im Plenum. Wir empfehlen, dass Sie die Fragen nach und nach mit den Schülerinnen und Schülern durchgehen und die Ergebnisse an der Tafel sammeln. Achten Sie dabei auf das Prinzip der Freiwilligkeit und zwingen Sie niemanden, sich zu beteiligen.

Sie können diese Übung wie folgt abschließen:

💬 *»Ihr habt viele tolle Ideen gesammelt. Wir wollen uns in den nächsten Wochen mit dem Thema Mobbing und was man dagegen tun kann beschäftigen. Das wird jedoch nicht das einzige Thema sein. Jede Stunde werden wir uns mit etwas anderem beschäftigen, was immer auch irgendwie mit dem Thema Mobbing in Zusammenhang steht. Lasst euch also überraschen, was wir in den nächsten Wochen machen werden.«*

Sie können selbstverständlich weitere Informationen bezüglich des Projektes an die Schülerinnen und Schüler weitergeben. Sie sollten jedoch erneut darauf achten, nicht zu viele der Themen und Schwerpunkte vorweg zu nehmen.

Der erste Teil des ersten Termins ist somit beendet. Nun folgt im zweiten Teil die Einführung in die Arbeitsmethoden.

V 1.2 AB
Was ist ein Fairplayer

Rituale: Das Ampelkartenritual ist zentraler Bestandteil der Fairplayer.Manual-Durchführung. Wiederkehrende Rituale sind für Kinder u. a. wichtig, um sich von einem Kontext lösen zu können (Unterricht) und in einen anderen einzutauchen (Fairplayer.Manual) oder auch um verlässliche Ankerpunkte im Rahmen der Fairplayer.Manual-Stunden zu haben. Wiederholen Sie die Ampelkarten- bzw. »Wie geht es mir«-Runde deshalb mit Ihren Kindern zu Beginn jeder Fairplayer.Manual-Doppelstunde. Zudem erfahren Sie auch nonverbal, ob es vielleicht einem einzelnen Kind über einen längeren Zeitraum nicht gut geht (z. B. ein Kind hält mehrere Wochen hintereinander die rote Karte hoch, möchte jedoch nichts dazu sagen) oder ob etwas in der Klasse passiert ist (z. B. alle halten die gelbe/rote Karte hoch). Sie können dann betroffene Kinder im Einzelgespräch (bitte nicht vor der gesamten Klasse) fragen, ob es ihnen gut geht oder ob es etwas gibt, worüber sie gern reden möchten.

① Nun folgt die Einführung des wichtigen Einstiegsrituals in jede Fairplayer.Manual-Stunde: die Ampelkartenrunde. Sie nehmen das Ampelkartenset, halten es hoch und erklären den Kindern, was die einzelnen Karten bedeuten. Dies könnte wie folgt ablaufen:

💬 *»Ich möchte euch nun die Ampelkartenrunde vorstellen. Dazu habe ich drei Karten: eine rote, eine gelbe und eine grüne Karte, wie bei einer Ampel. Mit diesen sollt ihr eure momentane Stimmung anzeigen, also wie ihr euch im Moment fühlt. Ihr haltet dann eure Karte hoch und sagt kurz etwas dazu. Die grüne Karte bedeutet, dass ihr euch gut fühlt, die rote bedeutet, dass ihr euch schlecht fühlt. Auch das ist ganz normal, denn jeder hat mal einen schlechten Tag. Die gelbe Karte habt*

ihr für alle Stimmungen dazwischen, also wenn es euch mittelmäßig geht. Natürlich kann jeder, der möchte noch mehr dazu sagen und begründen, warum er oder sie die entsprechende Karte gewählt hat. Das ist jedoch freiwillig. Mit dieser Ampelkartenrunde werden wir ab jetzt jede Fairplayer-Stunde beginnen.«

② Sie können die Karten nun der Reihe nach herumgeben und alle Kinder beschreiben ihre momentane Stimmung, wobei Sie selbst die Runde abschließen. Es ist wichtig, dass Sie ebenfalls an diesem Ritual teilnehmen, um sich in die Klasse zu integrieren. Des Weiteren schafft es Vertrauen, wenn Sie den Schülerinnen und Schülern ebenfalls etwas Persönliches über sich erzählen.

Vorlage Ampelkarten

V 1.1 Ampelkarten

Tipp: Um das »Eis zu brechen« können Sie die Vorstellungs- oder Ampelkartenrunde auch selbst beginnen oder mit einem Schüler oder einer Schülerin starten, den/die Sie als relativ selbstbewusst und extrovertiert wahrnehmen. Geben Sie diesem Kind den Kartensatz und geben Sie ihm dadurch die Möglichkeit, zu zeigen und zu benennen, wie es ihm/ihr geht. Jeder im Stuhlkreis soll nacheinander entweder die grüne, rote, oder gelbe Karte hochhalten. Außerdem hat jeder Schüler/jede Schülerin die Möglichkeit, dazu einen oder zwei Sätze zu sagen. Falls jemand nichts dazu sagen will, ist das völlig in Ordnung, Sie sollten nicht versuchen, ein Kind zu überreden. Es gibt Kinder, die sich langsamer »öffnen« als andere; in der nächsten Sitzung gibt es erneut die Chance für die Schülerinnen und Schüler, auf Wunsch ihre momentane Befindlichkeit auch verbal mitzuteilen. Jeder Schüler und jede Schülerin sollte in der Ampelkartenrunde jedoch zumindest eine Karte zeigen und kurz sagen »Mir geht's gut/mittel/schlecht«.

Alternative zur Ampelkartenrunde: Stimmungsbild

Wenn Sie eine besonders große Klasse mit vielen Kindern haben, dann kann die Ampelkartenrunde in dem oben beschriebenen Format möglicherweise viel Zeit einnehmen. Sie können alternativ auch ein Stimmungsbild einholen, wobei der Unterschied darin besteht, dass die Kinder nun alle gleichzeitig die zu ihrer Befindlichkeit passenden Karte hochhalten und nicht nacheinander. Hierfür benötigt jedes Kind ein eigenes Ampelkartenset. Sie können anschließend die Kinder fragen, ob jemand etwas zum Stimmungsbild oder zur eigenen Stimmung ergänzen möchte. Der Vorteil dieser Methode ist, dass Sie etwas Zeit sparen und die allgemeine Stimmung in der Klasse noch deutlicher erkennbar wird. Nachteilig ist allerdings, dass nicht jedes Kind die Möglichkeit hat, zu Wort zu kommen.

Wir empfehlen die zuerst beschriebene Ampelkartenrunde, da dort jede Schülerin/jeder Schüler reihum kurz zu Wort kommt und gehört wird. Beim Stimmungsbild kann es passieren, dass eher introvertierte Schülerinnen und Schüler sich nicht zu ihrer Karte äußern und somit nicht gehört werden.

B3) Einführung in das Thema »Regeln« – ein Gedankenexperiment (10 Minuten)

Dieser Teilschritt schafft den kommunikativen Rahmen für die Fairplayer.Manual-Stunden. Einige generelle Absprachen über den allgemeinen Umgang miteinander in der Klasse sind eine wichtige Grundlage für eine für alle zufriedenstellende Durchführung von Fairplayer.Manual. Die Kinder sollen dabei die Regeln nicht von außen »aufgezwungen« bekommen, sondern selbst an der Erarbeitung der Regeln und Konsequenzen aktiv teilhaben.

Vor der gemeinsamen Generierung der Regeln- und Konsequenzen ist es sinnvoll, ein kleines Gedankenexperiment mit den Kindern zu machen.

Hier bieten sich allerlei Themen an, z. B. Fußball: »*Was glaubt ihr würde passieren, wenn es beim Fußball keine Regeln geben würde?*« Hier kann es dann auch sehr lustige Antworten geben, z. B. dass einfach jemand mit dem Ball in der Hand ins Tor laufen könnte, eine Mannschaft mit 13 Spielerinnen/Spielern spielt oder der Torwart einfach sein Tor mit Ziegelsteinen zumauert. Ein anderes Beispiel wäre die Frage: »*Was glaubt ihr würde passieren, wenn es im Straßenverkehr keine Regeln gibt?*«.

Fragen Sie abschließend die Schülerinnen und Schüler, ob und was die Einführung von Spielregeln/Verkehrsregeln mit der Einführung von Klassenregeln zu tun haben könnte und wieso es wichtig sein könnte, für die gemeinsame Durchführung von Fairplayer.Manual gleich zu Beginn zu überlegen, wie man während der Fairplayer.Manual-Stunden miteinander umgeht.

B4) Findung der gemeinsamen Klassenregeln- und Konsequenzen (30 Minuten)

A 2 Methoden der Gruppeneinteilung

Nun generieren Sie mit Ihrer Klasse gemeinsame Regeln. Dies kann als Gruppenarbeit oder als Sammlung im Plenum gestaltet werden.

Gruppenarbeit. Die Schülerinnen und Schülern sollen sich in Kleingruppen von vier Kindern zusammenfinden. Einige Methoden zur kreativen Gruppeneinteilung, die über das übliche »Abzählen« hinausgehen, finden Sie im Downloadbereich. Die Aufgabe der Kinder ist es nun, sich drei Klassenregeln zu überlegen, die sie als wichtig empfinden und auf die sie während der »Fairplayer-Zeit« achten möchten. Hierbei soll es sich um Regeln handeln, die das Sozialverhalten und den Umgang miteinander betreffen. Achten Sie dabei darauf, dass sich die Regeln primär auf positive Verhaltensweisen beziehen, welche zukünftig positiv verstärkt werden sollen. Die Gruppen haben dafür etwa

10 Minuten Zeit. Anschließend kommt die Klasse wieder zusammen und jede Gruppe stellt die erarbeiteten Regeln vor. Die Gruppenarbeitsphase können Sie beispielsweise wie folgt abschließen:

○ »*Jede Gruppe hat jetzt für sich drei Regeln aufgeschrieben, die der Gruppe wichtig sind. Ich möchte jetzt gemeinsam mit euch schauen, was ihr so geschrieben habt. Vielleicht gibt es ja Dinge, die mehreren Gruppen und damit vielen von euch wichtig sind. Es wäre doch sinnvoll, diese Regeln dann als Klassenregeln für uns alle zu vereinbaren.*«

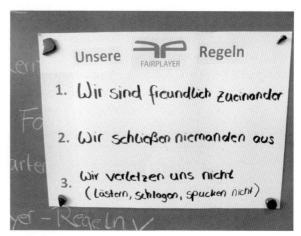

Abbildung 7: Beispielhafte Sammlung von Fairplayer-Regeln einer 5. Klasse

Die Klasse kann nun gemeinsam entscheiden, welche drei Regeln als Klassenregeln aufgenommen werden. Diese können von Ihnen auf das vorbereitete Plakat geschrieben werden, welches gut sichtbar im Klassenraum aufgehängt wird. Um zu signalisieren, dass alle Schülerinnen und Schüler die Klassenregeln unterstützen, unterschreiben alle auf dem Plakat. Gerade jüngeren Kindern signalisiert das Unterschreiben ein »Gefühl des Erwachsenseins« und der Verbundenheit mit den besprochenen Regeln. Alternativ zur Unterschrift können die Kinder z. B. auch mit Fingerfarbe einen Fingerabdruck auf dem Plakat hinterlassen.

Sammlung im Plenum. Alternativ können Sie die Regelgenerierung auch im Plenum gestalten. Jedes Kind hat die Möglichkeit, eine Regel vorzuschlagen, die es für die Fairplayer-Zeit wichtig findet. Hier sollten Sie ebenfalls darauf achten, dass die Kinder sich auf Regeln des Sozialverhaltens und des Umgangs miteinander beziehen. Sie können die vorgeschlagenen Regeln an der Tafel sammeln und Mehrfachnennungen in Form einer Strichliste darstellen. Sobald alle Ideen genannt wurden, können die drei Klassenregeln demokratisch abgestimmt werden. Diese können Sie anschließend auf das vorbereitete Plakat schreiben, welches gut sichtbar im Klassenraum aufgehängt wird. Um zu signalisieren, dass alle Schülerinnen und Schüler die Klassenregeln unterstützen, unterschreiben alle auf dem Plakat.

Material: Flipchart/ Packpapier oder Din A3-Papier, Filzstifte und Klebeband zum Befestigen des Plakates

Anforderungen an Regeln
– »Wir«- oder »Ich«-Formulierung (Stärkt das Gemeinschaftsgefühl bzw. die Eigenverantwortung)
– Positive Formulierung (wenn möglich – auf dem abgebildeten Foto würde es dann nicht »wir schließen niemanden aus«, sondern »wir lassen alle teilhaben« heißen)

– Bezug auf beobachtbares und konkretes Verhalten (z. B. bei dem Regelvorschlag »wir respektieren einander« nachfragen, an welchen Verhaltensweisen man das festmacht/was damit konkret gemeint ist.)
– Verständlichkeit und leichte Umsetzbarkeit

Die Überlegungen bezüglich der entsprechenden Konsequenzen können dann ebenfalls im Plenum erfolgen. Es ist wichtig, dass sich die Kinder eigene, sinnvolle Konsequenzen überlegen und diese nicht von Ihnen vorgegeben werden. Kindern in diesem Alter fällt es oft schwer, angemessene Konsequenzen zu generieren, mit wenigen Hilfestellungen wird es ihnen jedoch gelingen.

> **Hinweis:** der Begriff »Konsequenz« ist im Alltag häufig negativ konnotiert (z. B. »Das wird Konsequenzen haben!«), wohingegen aus psychologischer Sicht der Begriff neutral ist und lediglich die Folgen, die ein Verhalten haben kann, bezeichnet. Diese können sowohl positiv also auch negativ sein.

Sie haben sicher viele Ideen, wie Sie Ihre Schülerinnen und Schüler zu angemessenen Konsequenzen hinführen können. Hier sollten Sie ebenfalls von Ihrem Veto Gebrauch machen, falls es notwendig ist. Sollte beispielsweise der Fall eintreten, dass jemand vorschlägt, dass bei Regelverletzung ein Kuchen gebacken werden soll und die ganze Klasse zustimmt, sollten Sie Ihr Veto einlegen. Denn dies stellt keine angemessene Konsequenz dar, da kein Bezug zum Fehlverhalten besteht. Achten Sie wenn möglich darauf, Belohnungen oder Bestrafungen, die einen Bezug zu bildungsrelevanten Themen haben, zu vermeiden (z. B. Hausaufgabengutschein oder Strafarbeit). Idealerweise soll Lernen Kindern Freude bereiten und nicht durch Konsequenzen negativ behaftet werden.

Für diesen Arbeitsschritt sollten Sie genug Zeit einplanen und den Schülerinnen und Schüler die Möglichkeit und Zeit geben, angemessene Konsequenzen zu generieren.

Beispiele für angemessene Konsequenzen	
Negative Konsequenzen	– Entschuldigungsbrief: Möglichkeit, sein Verhalten zu erklären/Entschuldigung des Fehlverhaltens: Was habe ich getan? Warum habe ich es getan? Wie kann ich es anders machen? Wie kann ich mich ggf. entschuldigen?
Positive Konsequenzen	– »Warme Dusche« als Belohnung von positivem Verhalten: diejenigen Kinder, welche am Ende der Woche am häufigsten positives Verhalten gezeigt haben, erhalten eine Komplimentenrunde durch die Mitschülerinnen und Mitschüler – die Lehrkraft schreibt einen positiven Eintrag über das sozial-kompetente Verhalten des Kindes in das Hausaufgabenheft als Hinweis für die Eltern – Kinder dürfen sich eine Belohnung aussuchen, von der die ganze Klasse profitiert (z. B. wie man die letzten 10 Minuten einer Stunde gestaltet/aus welchem Buch vorgelesen wird)

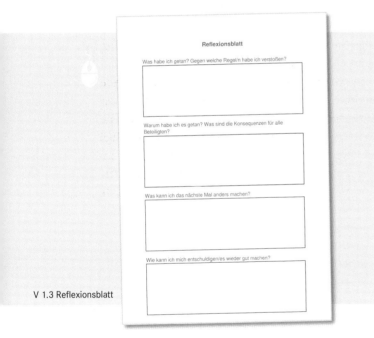

V 1.3 Reflexionsblatt

Alternative zu B4) – Falls bereits Klassenregeln bestehen

Sollte Ihre Klasse bereits Klassenregeln haben, müssen selbstverständlich nicht unbedingt neue festgelegt werden. Sie können mit den bereits vorhandenen arbeiten. Dabei können Sie mit Ihrer Klasse diskutieren, inwieweit auf die Regeln geachtet wird, wie aktuell sie sind und ob es eventuell Aspekte gibt, die sie gern ergänzen möchten. Es sollten dabei nur die Regeln in die Diskussion miteinbezogen werden, die sich auf das Sozialverhalten und den Umgang miteinander beziehen. Anschließend an die Diskussion sollte jedes Kind drei Regeln auswählen bzw. neu generieren, die ihm oder ihr besonders wichtig erscheinen. Diese können dann von Ihnen im Plenum gesammelt werden und aus dieser Sammlung sollten demokratisch drei Regeln bestimmt werden, auf die verstärkt in der Fairplayer.Manual-Zeit geachtet werden sollte. Diese Regeln können auf ein gesondertes Plakat übertragen werden und sollten von allen Schülerinnen und Schüler unterschrieben werden. Hängen Sie am Ende dieses Fairplayer-Plakat gut sichtbar im Klassenraum auf, evtl. sogar neben die bestehenden Klassenregeln.

Falls ebenfalls bereits Konsequenzen erarbeitet wurden, können Sie in der gleichen Weise verfahren wie mit den Klassenregeln. Sie können mit der Klasse diskutieren, inwieweit diese noch aktuell sind oder sich bewährt haben. Dabei können entsprechend die alten Konsequenzen aktualisiert werden bzw. neue Konsequenzen generiert werden.

Tipp: Zeitlich abgestufte Einführung von Klassenregeln

Die erarbeiteten Regeln, sollen natürlich langfristig nicht nur für die Fairplayer.Manual-Zeit gelten. Um die Kinder nicht zu überfordern bietet sich ein zeitlich abgestuftes Vorgehen an. Diese langsame Ausweitung der Regeln erleichtert es der Klasse, sich Schritt für Schritt an die neuen Regeln zu gewöhnen und begünstigt, dass diese dauerhaft und nachhaltig auf den gesamten Schulalltag übertragen werden können.

1. Die Regeln gelten in den ersten Projekt-Wochen nur für die Fairplayer.Manual-Stunden.
2. Funktioniert die Einhaltung der Regeln während der Fairplayer.Manual-Stunden gut, kann der Geltungsbereich erweitert werden: Die Regeln gelten dann in einem ersten Erweiterungsbereich den ganzen Tag, an dem Fairplayer.Manual durchgeführt wird. Spätestens hier ist es dann auch wichtig, die in der Klasse unterrichtenden Kolleginnen und Kollegen »mit ins Boot« zu holen und diese über die erarbeiteten Regeln und Konsequenzen zu informieren.
3. Funktioniert auch das gut, können die Klassenregeln probeweise auf eine ganze Schulwoche ausgeweitet werden.
4. Am Ende sollen die Regeln und Konsequenzen von den Kindern als selbstverständlich angesehen werden und immer gelten.

C) Feedbackrunde (5–10 Minuten)

Am Ende jeder Stunde erhalten die Kinder die Möglichkeit, mit Hilfe der Ampelkarten ein kurzes Statement abzugeben, wie ihnen die heutige Fairplayer.Manual-Stunde gefallen hat (gut/mittel/schlecht). Dabei können die Schülerinnen und Schüler auch darauf eingehen, was ihnen besonders gut und was ihnen weniger gefallen hat oder was sie sich für die nächste Stunde wünschen würden.

Ermuntern Sie die Klasse, die Wahrheit zu sagen und nicht nur das, »was die Lehrerin/der Lehrer hören will« (sozial erwünscht ist) – niemand hat etwas zu befürchten, wenn ihm/ihr die Stunde nicht so gut gefallen hat.

Dieses Ritual wird jede Fairplayer.Manual-Stunde abschließen. Somit sind die Ampelkarten ein fester Bestandteil jeder Stunde. Wir bitten Sie, diese Rituale niemals aus Zeitgründen wegzulassen, da sie wichtige Funktionen erfüllen. Besonders wenn emotional belastende/berührende Themen angesprochen werden, ist es wichtig, das Thema gemeinsam wieder abzuschließen und nicht »mittendrin« abzubrechen.

5.2 Termin 2: »Was ist Mobbing?«

In dem zweiten 90-minütigen Themenblock wird das Thema »*Was ist Mobbing?*« behandelt. Ziele dieses Schrittes sind, einen für die Altersstufe geeigneten Einstieg in das Thema Mobbing zu finden, Wissen zu den verschiedenen Formen von Mobbing zu vermitteln sowie eigene Erfahrungen mit dem Thema zu reflektieren. Aktuelle Definitionen von Mobbing beinhalten, dass es sich dabei um einen wiederholten Akt der Aggression, Einschüchterung oder Nötigung gegenüber einem Opfer handelt, welches hinsichtlich der körperlichen Statur, psychischen oder sozialen Stärke oder anderen Faktoren, die ein Machtungleichgewicht symbolisieren, dem oder den Täter(n) unterlegen ist. Dabei ist zu berücksichtigen, dass es verschiedene For-

men von Mobbing gibt, welche Personen über einen längeren Zeitraum erleben können und welche von typischen »Schulhof-Raufereien« oder alltäglichen Streitigkeiten abzugrenzen sind.

Am Ende des Schrittes sollen die Erkenntnisse, dass es unterschiedliche Formen von Mobbing gibt (nicht nur physisches Mobbing wie Schlagen und Treten, sondern auch verbales Mobbing wie Beleidigungen und relationales Mobbing wie Ausgrenzen) und dass diese unterschiedlichen Formen von Mobbing von verschiedenen Personen als unterschiedlich schlimm erlebt werden, im Vordergrund stehen. Zentral ist neben Änderungen auf der Wissens- und Einstellungsebene die Förderung der Perspektivenübernahme und Empathie.

KURZÜBERBLICK TERMIN 2

Gliederung			
A		Ampelkartenrunde	5–10 Minuten
B	1	Gruppendiskussion zum Thema »Was ist Mobbing?/Was kann alles Mobbing sein?«	10 Minuten
	2	Mobbingbeispiele auf Karteikarten sammeln	5 Minuten
	3	Übung: Mobbing-Barometer	20–25 Minuten
	4	Kooperatives Gruppenspiel	20 Minuten
C		Feedbackrunde Zusatz: Was kann als Gegenteil von Mobbing gelten?	10–15 Minuten

Materialien
– Ampelkarten (s. Downloadbereich) – Moderationskarten/Blätter/Karteikarten und Stifte – Checkliste Mobbingbeispiele fürs Mobbingbarometer (s. Downloadbereich) – Vorbereitete Karteikarten mit komplexeren Mobbingbeispielen (s. Downloadbereich) – einen langen Faden (entweder dicker Wollfaden, Kreppband oder zugeschnittene Pappe) – Klebeband/Kreppband zum Fixieren des Fadens – 2 Plakate zum Markieren von »leichter« und »schwerer« Form von Mobbing (werden an den jeweiligen Enden des Fadens auf den Boden gelegt und fixiert, s. Downloadbereich) – Ausdrucken des Blattes »Hilfsangebote bei Mobbing« (s. Downloadbereich)

Ziele
– Auseinandersetzung mit dem Thema Mobbing: unterschiedliche Formen von Mobbing im Kontext Schule diskutieren und eigene Erfahrungen reflektieren – Sensibilisierung der Wahrnehmung von unterschiedlichen Formen von Mobbing – Unterschiede in der subjektiven Wahrnehmung bzw. dem subjektiven Erleben von verschiedenen Mobbingformen wahrnehmen und reflektieren

A) Ampelkartenrunde (5–10 Minuten):

Beginnen Sie die Stunde mit der in Schritt 2 eingeführten Ampelkartenrunde. Jeder Schüler, jede Schülerin zeigt, wie es ihm/ihr geht und benennt das aktuelle Befinden kurz (z. B. »gut«, »geht so« oder »schlecht«). Wenn er/sie möchte, können freiwillig noch ein oder zwei Sätze ergänzt werden, warum dies so ist.

Im Anschluss an die Ampelkartenrunde soll ein kurzer Rückblick auf die letzte Fairplayer.Manual-Stunde erfolgen. Fragen Sie die Kinder, wer sich erinnern kann, was in der letzten Fairplayer.Manual-Stunde gemacht wurde und dies in 2–3 Sätzen kurz erklären kann. So weiß die ganze Klasse wieder, was behandelt wurde und Kinder, die in der Vorwoche gefehlt haben, sind auf dem aktuellen Stand.

B1) Gruppendiskussion zum Thema »Was ist Mobbing?/Was kann alles Mobbing sein?« (10 Minuten):

Um den aktuellen Wissensstand in der jeweiligen Klasse zu erfassen und einen Einstieg in das Thema zu bekommen, leiten Sie die Diskussion »Was ist Mobbing? Und was kann Mobbing sein?« im Plenum an. Versuchen Sie dabei, einen Einstieg zu finden, bei dem so wenig Informationen wie möglich vorweggenommen werden.

Sie können beispielsweise wie folgt beginnen:

💬 *»Heute wollen wir uns mit dem Thema Mobbing beschäftigen. Habt ihr denn das Wort Mobbing schon einmal gehört? […] Was versteht ihr darunter? […]*

Was glaubt ihr kann alles Mobbing sein? […] Seid ihr schon einmal selbst mit dem Thema in Berührung gekommen? […]«

Versuchen Sie, die Diskussion noch nicht zu sehr zu eigenen Erfahrungsberichten zu lenken, da diese anonym bei der dann folgenden Übung geäußert werden können. Zudem ist es wichtig, dass Sie bei diesem sensiblen Thema die Grundprämissen »aktuelle Störungen haben Vorrang« und »Freiwilligkeit« berücksichtigen.

B2) Mobbingbeispiele auf Karteikarten sammeln (5 Minuten)

Material:
Karteikarten/Moderationskarten, Stifte

Im Anschluss an die Einstiegsdiskussion, sollen die Schülerinnen und Schüler über ihre eigenen Erfahrungen nachdenken, die sie mit dem Thema Mobbing bisher gemacht haben. Sie können hier auch gern die Formulierungen der Kinder aus der vorherigen Diskussion aufgreifen, z. B.:

💬 *»Jetzt wollen wir uns mit euren Erfahrungen bezüglich Mobbing beschäftigen […] Es gibt ja ganz unterschiedliche Möglichkeiten, anderen Personen weh zu tun und da würde ich gern mal mit euch überlegen, was eure Erfahrungen mit Mobbing sind […]. Was habt ihr schon in der Schule erlebt oder beobachtet?«*

Anschließend erhalten alle Schülerinnen und Schüler eine leere Karteikarte, auf die jeder anonym **ein** Mobbingbeispiel aufschreiben soll. Nach 5–10 Minuten können Sie die Karteikarten wieder einsammeln, wobei darauf geachtet werden sollte, dass die Schülerinnen und Schüler ihre Namen nicht notieren. Die Karteikarten dienen als Grundlage für die folgende Übung.

💬 *»Ihr sollt nun jeder ein Mobbingbeispiel auf der Karteikarte notieren. Das kann entweder etwas sein, was ihr schon einmal selbst erlebt, beobachtet oder erzählt bekommen habt oder was ihr euch sonst in der Schule vorstellen könnt. Versucht euch dabei wirklich auf das Umfeld Schule zu beziehen. Ihr habt dafür 5–10 Minuten Zeit, dann sammeln wir die Karteikarten wieder ein. Schreibt bitte nicht euren Namen auf die Karte, die Übung soll anonym bleiben.«*

> **Hinweis:** Bitte verwahren Sie die eingesammelten Karteikarten mit den aufgeschriebenen Mobbingsituationen auch nach der Übung. Diese können Sie erneut für den Vorbereitungsschritt für das Rollenspiel bei Termin 6 verwenden.

B3) Übung: Mobbing-Barometer (20–25 Minuten)

Für diese Übung benötigen Sie etwas Platz. Wenn Sie bereits einen Stuhlkreis gebildet haben, bietet es sich an, den Stuhlkreis zu öffnen, sodass eine Sitzreihe links, eine Sitzreihe rechts und eine Freifläche in der Mitte entstehen. Sie können diese Übung jedoch auch (wenn die Größe des Raumes den Stuhlkreis nicht hergibt) nach »Sitzreihen« durchführen, sodass die Kinder vorerst an ihrem Platz bleiben können.

① Befestigen Sie nun die Markierungen für leichte und schwere Formen von Mobbing jeweils am Ende Ihres Fadens/Kreppbandes auf dem Boden. Diese finden Sie als Vordruck in der Materialiensammlung im Downloadbereich zu diesem Buch.

V 2.1
Markierungen
Mobbing-
barometer

»Leichte« Form von Mobbing ⟷ »Schwere« Form von Mobbing

Dies kann im Klassenraum beispielsweise so aussehen:

Abbildung 8: Mobbingbarometer auf dem Boden

② Teilen Sie die Klasse nun in kleine Gruppen (ca. 6 Kinder) ein. Findet die Übung »nach Stuhlreihen« bzw. in der gewohnten Sitzordnung statt, dann bietet es sich an, die Schülerinnen und Schüler einer Stuhlreihe oder eines Gruppentisches entsprechend in eine Gruppe einzuteilen.

③ Nun lesen Sie nacheinander verschiedene Karteikarten mit möglichst unterschiedlichen Mobbingszenarien und -formen vor, und die Kinder haben anschließend die Aufgabe, sich so auf dem Mobbingbarometer zu positionieren, wie schwerwiegend sie das jeweilige Beispiel einschätzen. Führen Sie hierfür die »Freeze-Technik« ein, welche beinhaltet, dass die Kinder bei dem Kommando »Freeze« an ihrem Ort »einfrieren« und sich nicht mehr bewegen oder sprechen sollen. Anschließend können Sie die Kinder einzeln dazu befragen, warum sie gerade diesen Schweregrad für das vorgelesene Beispiel gewählt haben. Bedenken Sie hier, dass die Kinder Ihre Begründung nur freiwillig vortragen sollen und nicht dazu gezwungen werden.

Sie können die Übung beispielsweise wie folgt anleiten:

💬 *»Die Übung wird jetzt folgendermaßen ablaufen: Ich werde gleich eine Karteikarte auswählen und das darauf stehende Mobbingbeispiel laut vorlesen. Ihr sollt euch dann (jeder für sich) überlegen, wie schlimm ihr dieses Beispiel findet. Hilfreich ist es, sich zu überlegen, wie man sich selbst fühlen würde, wenn man diese Form von Mobbing selbst erleben würde. Dann sollt ihr euch auf dem roten Faden so positionieren, wie es euer Empfinden widerspiegelt. Ihr seht ja, dass das eine Ende für sehr schwere Formen von Mobbing steht und das andere für leichte. In der Mitte kann man dann verschiedene Abstufungen vornehmen, ähnlich wie bei einem Lineal.« [vielleicht kurz selbst zeigen] »Jeder von euch soll sich dort aufstellen, wo er selber das jeweilige Mobbingbeispiel einordnen würde. Ihr müsst euch nicht alle beraten und darüber einig sein, wo man sich hinstellt.«*

④ **Freeze-Kommando einführen:**

💬 *»Wenn ihr euch positioniert habt, dann sage ich laut ›Freeze‹, das bedeutet ›einfrieren‹, dann sollt ihr euch nicht mehr bewegen und nicht mehr sprechen. Dann werde ich herumgehen und den einen oder die andere dazu befragen, warum er oder sie sich so aufgestellt hat. Wenn ihr nichts dazu sagen möchtet, dann müsst ihr das natürlich auch nicht. Habt ihr noch Fragen?«*

⑤ Diesen Vorgang können Sie dann mit unterschiedlichen Beispielen beliebig oft wiederholen. Wichtig ist, dass Sie zunächst Beispiele aus den Karteikarten der Schülerinnen und Schüler wählen und darauf achten, dass unterschiedliche Formen von Mobbing behandelt werden. Beispiele zu den folgenden Mobbingformen sollen auf jeden Fall erwähnt werden:
– **Physisches Mobbing:** z. B. *Schubsen, Treten oder Schlagen*
– **Relationales Mobbing:** z. B. *jemanden ausgrenzen/ ausschließen*
– **Verbales Mobbing:** z. B. *Beleidigungen, Sticheleien, Hänseleien, Namensgebung*
– **Sachbeschädigung/Diebstahl:** *z. B. Rucksack anmalen; Federmappe klauen oder Schnürsenkel abschneiden*

⑥ Sie können anschließend (wenn es die Zeit zulässt) die komplexeren vorgegebenen Mobbingszenarien aus der Materialsammlung vorlesen und die Kinder dazu befragen.

Folgende Fragen können Sie dabei stellen:
– *Warum hast du dich an dieser Stelle positioniert?*
– *Was für Bedingungen müssten für dich erfüllt sein, damit du das Verhalten als schlimmer/oder als weniger schlimm betrachten würdest?*
– *Was glaubst du, warum bewerten andere Schüler hier die Situation anders?*

Leider können natürlich nicht alle Beispiele der Kinder vorgelesen werden, aber Sie können den Schülerinnen und Schülern dies damit erklären, dass sich viele Szenarien inhaltlich ähneln und Sie versuchen, möglichst unterschiedliche Beispiele vorzulesen. Achten Sie dabei auch auf die Wahrung der Anonymität bei den vorgelesenen Beispielen: Die Kinder sollten die Karteikarte nicht einsehen können, da sie sonst möglicherweise die Handschrift eines Mitschülers identifizieren.

⑦ Am Ende der Übung können Sie die Kinder dazu befragen, was ihnen insgesamt bei der Übung aufgefallen ist. Die Schülerinnen und Schüler sollen möglichst eigenständig zu den Erkenntnissen gelangen, dass es verschiedene Formen von Mobbing gibt und dass unterschiedliche Personen die unterschiedlichen Beispiele als verschieden schlimm wahrnehmen. So finden manche bestimmte Spitznamen oder Hänseleien witzig, andere empfinden dies jedoch als äußerst unangenehm/quälend. Wenn die Kinder nicht eigenständig zu dieser Erkenntnis gelangen, können Sie diese mit folgenden Fragen darauf gezielt hinführen:

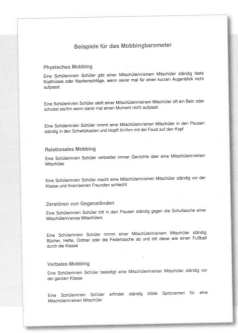

V 2.2 Checkliste Mobbingbeispiele fürs Mobbingbarometer

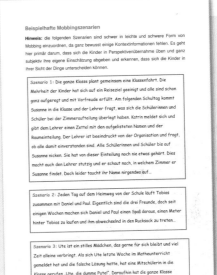

V 2.3 Mobbingszenarien für die Übung Mobbingbarometer

💬 *»Wie würdest du dich fühlen, wenn du selbst in der Situation betroffen wärst?«*

💬 *»Schaut euch noch einmal genau an, an welcher Stelle ihr gerade steht und warum und wo sich eure Mitschüler und Mitschülerinnen hingestellt haben. Woran kann das liegen, dass ihr nicht alle an der gleichen Stelle steht?«*

⑧ Fassen Sie am Ende der Übung die gewonnenen Erkenntnisse noch einmal zusammen:

💬 »Wie ihr gesehen habt, kann es ganz unterschiedliche Formen von Mobbing geben, wie z. B. körperliches Mobbing, wie Schlagen und Treten, und verbales Mobbing, wie Beleidigen oder Hänseln, oder jemanden auszugrenzen. Aber wichtig ist auch, zu erkennen, dass ihr diese unterschiedlichen Beispiele als verschieden schlimm wahrgenommen und empfunden habt. Das heißt, was für den einen vielleicht einfach ein Spaß ist, kann für den anderen sehr verletzend sein. Manchmal ist es ganz hilfreich, sich in die Person hineinzuversetzen, die diese ›Späße‹ ertragen muss und man muss im Hinterkopf behalten, dass jeder eine solche Situation anders schlimm wahrnimmt. Manche von euch würden ein Verhalten als Mobbing einstufen und andere nicht, also ist es immer wichtig, andere Positionen und Empfindungen zu bedenken.«

⑨ Stellen Sie den Kindern nun das Blatt »Hilfsangebote bei Mobbing« vor (s. Downloadbereich) und hängen Sie es gut sichtbar im Klassenzimmer auf. Betonen Sie, dass jeder Mensch, egal in welchem Alter, irgendwann in seinem Leben einmal Hilfe braucht – das ist also völlig normal – und dass es Menschen bzw. Einrichtungen/Organisationen gibt, die unterstützen können, wenn man mal nicht weiterweiß.

Wer kann mir helfen?

Wer?	Was?	Kontakt
Mobbingberatung Berlin-Brandenburg	Beratung, Hilfe & Information	Telefon: 030-86391572 Mail: info@mb-berlinbrandenburg.de Internet: www.mobbingberatung-bb.de
Nummer gegen Kummer	Rat, Hilfe, Trost & Unterstützung	Telefon Kinder/Jugendliche: 0800-1110333 | 116111 Elterntelefon: 0800 – 1110550 Mail: Anmeldung auf der Internetseite Internet: www.nummergegenkummer.de
Sorgentelefone in der EU	Telefonische Hilfe & Rat	http://www.116111.eu
Telefonseelsorge der christlichen Kirchen in Deutschland	Hilfe, Rat & Unterstützung Vor Ort-Beratung möglich	Telefon: 0800-1110111 | 0800-1110222 | 116123 Mail: Anmeldung auf der Internetseite Chatberatung: Auf der Internetseite Internet: http://www.telefonseelsorge.de
Youth-Life-Line	Online–Beratung	Telefon: 07071-254281 Mail: info@youth-life-line.de Online-Beratung: Anmeldung auf Internetseite Internet: www.youth-life-line.de/beratung
Jugend-Notmail	Online-Beratung, Chats und Foren	Telefon: 030-80496693 Mail: info@jugendnotmail.de Online-Beratung: Anmeldung auf der Internetseite Chats/Foren: Auf der Internetseite Internet: www.jugendnotmail.de

V 2.4 Hilfsangebote beim Mobbing

Tipp: Hängen Sie die *Hilfsangebote* nicht nur im Klassenraum auf, sondern geben Sie den Kindern jeweils eine ausgedruckte Version mit.

B4) Kooperatives Gruppenspiel (20 Minuten)

Kooperative Gruppenspiele, als ein zentraler Bestandteil von Fairplayer.Manual, dienen zum einen der Auflockerung und bringen Bewegung in die Fairplayer.Manual-Stunden (Aktivierung und Konzentration). Besonders jüngere Kinder benötigen diese Abwechslung nach intensiveren Arbeitsphasen. Zum anderen erreichen Sie dadurch, dass sich die Schülerinnen und Schüler besser kennenlernen, die vorher in der Klasse noch nicht viel miteinander zu tun hatten (Kooperation). Dies wirkt sich zudem positiv auf das Klassenklima aus.

In niedrigeren Jahrgangsstufen können sich Kinder teilweise noch nicht so gut selbst regulieren und benötigen bei den kooperativen Gruppenspielen eine strukturierte Anleitung mit anschließender »Einzel-Arbeitsphase«, um sich wieder zu beruhigen. Daher bieten sich kooperative Gruppenspiele häufig am Ende der Stunde an und können auch optional bei Zeitüberschuss eingesetzt werden, bzw. bei Zeitmangel weggelassen werden. Sie können dabei mit Ihrer Expertise entscheiden, welche Gruppenspiele Sie zu welcher Zeit in den Ablauf einfügen wollen. Beachten Sie dabei auch die räumlichen Gegebenheiten, die Ihnen zur Verfügung stehen. Viele Gruppenspiele erfordern

Sammlung einiger kooperativer Gruppenspiele

Obstsalat

Alle Spielerinnen und Spieler, außer einer „freien" Spielerin bzw. einem „freien" Spieler in der Mitte, sitzen im Stuhlkreis. Die Kinder schlagen nun selbst vor welche Obstsorten ins Spiel aufgenommen werden sollen. Es empfiehlt sich bei Klassen von mehr als 20 Schülerinnen und Schülern 3 Obstsorten auszuwählen. Nun beginnen Sie bei einem Kind im Stuhlkreis die Obstsorten zuzuweisen, indem Sie reihum durchzählen (z. B. „Apfel, Birne, Banane, Apfel, Birne, Banane, Apfel, usw.) bis jeder Mitspielerin/jedem Mitspieler (inkl. der Spielerin/des Spielers in der Mitte) eine Obstsorte zugewiesen wurde.

Das Spiel beginnt indem die Spielerin/der Spieler in der Mitte eine Obstsorte ausruft, z. B. „Apfel". Das bedeutet, dass alle Äpfel aufstehen und einen neuen Sitzplatz finden müssen, während alle anderen Obstsorten sitzen bleiben. Auch die Spielerin/der Spieler in der Mitte bemüht sich einen der freigewordenen Sitzplätze zu ergattern. Wird „Obstsalat" ausgerufen, müssen alle Obstsorten/Kinder aufstehen und einen neuen Platz suchen.

Eine wichtige Zusatzregel ist außerdem, dass sich die Schülerinnen und Schüler nicht wieder auf ihren eigenen Platz setzen dürfen (also z.B. kurz aufstehen und sich dann wieder hinsetzen) und auch nicht auf die direkten Nachbarplätze links und rechts. So wird sichergestellt, dass genug Bewegung im Spiel ist und die Kinder sich viel im Raum bewegen müssen.

Das Spiel ist zügig durchzuführen, da die Klasse bei Fairplayer.Manual ohnehin im Stuhlkreis sitzt. So kann Obstsalat schnell und einfach zwischendurch als Aktivierungsspiel bzw. „Energizer" durchgeführt werden. Vor dem Spiel sollte jedoch eine Vereinbarung getroffen werden, wie weit die Konkurrenz um die Plätze gehen darf, wir wollen natürlich nicht, dass die Kinder sich verletzen.

Maaß, E. & Ritschl, K. (1997): Teamgeist. Spiele und Übungen für die Teamentwicklung (4. Aufl., S. 70). Paderborn: Junfermann.

A3 Sammlung von Gruppenspielen

einen Stuhlkreis oder eine etwas größere freie Fläche, deren Aufbau möglicherweise einiges an Zeit benötigen kann.

Eine Auswahl an kooperativen Gruppenspielen und deren Anleitung finden Sie in der Materialiensammlung im Downloadbereich.

C) Feedbackrunde (10–15 Minuten)

Am Ende der Stunde erhalten die Kinder wieder die Möglichkeit, mit Hilfe der Ampelkarten ein kurzes Statement abzugeben, wie ihnen die heutige Stunde gefallen hat. Dabei können die Schülerinnen und Schüler auch darauf eingehen, was ihnen besonders gut gefallen hat und was ihnen weniger gefallen hat.

Zusatz: Da dieser Themenblock »Was ist Mobbing« inhaltlich sehr intensiv ist und die Kinder auch nachhaltig beschäftigt, ist es eine schöne Variante, die Feedbackrunde wie folgt zu erweitern: Jeder soll sich ein Schlagwort oder einen kurzen Satz überlegen, was für ihn/sie das Gegenteil von Mobbing ist. Lassen Sie den Kindern hier kreativen Freiraum, vielleicht bekommen Sie eine der folgenden Möglichkeiten zu hören: Freund-schaft, Hilfsbereitschaft, füreinander einstehen, Fairplayer, Fairness, o. Ä.

Fragen Sie die Klasse nach der Feedbackrunde, was aus ihrer Sicht heute, bezogen auf die erarbeiteten Gruppenregeln aus Termin 1, besonders gut lief und lassen Sie ein paar Schülerinnen und Schüler zu Wort kommen. »Was lief heute insgesamt gut und/oder ist euch eine Mitschülerin/ein Mitschüler besonders positiv aufgefallen?« Auch Sie selbst dürfen hier gern die ganze Klasse oder auch einzelne Kinder positiv hervorheben. Diese Art der positiven Verstärkung soll ab jetzt den Abschluss (nach der Feedbackrunde) jedes weiteren Fairplayer.Manual-Termins bilden.

5.3 Termin 3: Kinderrechte

Im dritten 90-minütigen Themenblock wird das Thema Kinderrechte behandelt und in Beziehung zur vorangegangenen Fairplayer.Manual-Stunde zum Thema »Was ist Mobbing« gesetzt. Ziele dieses Schrittes sind, dass zum einen auf der Wissensebene vermittelt wird, dass es Kinderrechte gibt und zum anderen auf der Wissens- und Einstellungsebene verdeutlicht wird, dass Mobbing weitreichende Konsequenzen hat und explizit eine Verletzung der Kinderrechte eines jeden Kindes darstellt. Damit bildet dieser Schritt einen Beitrag zur Wertebildungsarbeit an Schulen.

KURZÜBERBLICK TERMIN 3

Gliederung			
A		Ampelkartenrunde	5–10 Minuten
B	1	Einleitung in das Thema Kinderrechte	5 Minuten
	2	Kinderrechte-Quiz im Plenum	20 Minuten
	3	Arbeitsblatt »In einer idealen Welt«	20 Minuten
	4	Diskussion »Mobbing verletzt Kinderrechte«	10 Minuten
C		Kooperatives Gruppenspiel	10–15 Minuten
D		Feedbackrunde	5–10 Minuten

Materialien
- Ampelkarten (s. Downloadbereich)
- Beamer und Laptop
- PowerPoint-Folien »Kinderrechte-Quiz« (s. Downloadbereich)
- Arbeitsblatt »In einer idealen Welt« (s. Downloadbereich)
- Mobbing-Karten aus der vorherigen Stunde
- Ausdrucke »Die zehn wichtigsten Kinderrechte auf einen Blick« (s. Downloadbereich)

Ziele
- Kennenlernen einiger Kinderrechte
- Erkenntnis, dass Kinder – ebenso wie Erwachsene – Rechte haben, die gewahrt werden sollen
- Erkenntnis, dass Mobbing ein Verstoß gegen Kinderrechte darstellt und für betroffene Personen weitreichende Konsequenzen haben kann
- Engere Identifikation mit einem/r »Fairplayer/in«
- Beitrag zur Wertebildungsarbeit an Schulen

A) Ampelkartenrunde (5–10 Minuten):

Beginnen Sie die Stunde wieder mit der Ampelkartenrunde. Jeder Schüler und jede Schülerin zeigt, wie es ihm/ihr geht und benennt das Befinden kurz (z. B. »gut«, »geht so« oder »schlecht«). Wenn er/sie möchte, können freiwillig noch ein oder zwei Sätze ergänzt werden, warum dies so ist. Fragen Sie, ob eines der Kinder eine kurze Zusammenfassung der letzten Fairplayer.Manual-Stunde geben kann, damit die Erkenntnisse zum Thema Mobbing für die später folgende Diskussion bereits aktiviert werden.

B1) Einleitung in das Thema Kinderrechte (5 Minuten):

Wie genau Sie die thematische Einleitung in das Thema Kinderrechte gestalten, können Sie als »Experte Ihrer Klasse« am besten entscheiden, da Sie Ihre Klasse und deren Kenntnisse zu dem Thema am besten kennen. Falls jedoch das Thema Kinderrechte und deren Existenz bis dato in ihrer Klasse unbekannt ist, können Sie beispielsweise so in das Thema einleiten:

Kinderrechte
- Wahre oder falsche Aussage? -

V 3.1 Kinderrechte Quiz

💬 *»Es gibt ja festgelegte Gesetze, nach denen alle Menschen leben und sich richten sollen, damit wir in einer funktionierenden Gemeinschaft leben können. Wenn man gegen diese Gesetze verstößt, dann kann dies eine Strafe nach sich ziehen (z.B. Geldstrafe oder Freiheitsentzug, …). Genauso wie es festgelegte Gesetze gibt, gibt es auch festgelegte Grundrechte, die jeder Mensch hat. So gibt es auch Rechte, die euch als Kinder betreffen, die sogenannten ›Kinderrechte‹. Diese betreffen Kinder und Jugendliche und gelten bis zum 18. Lebensjahr. Diese gibt es seit 1989. Es gibt viele Kinderrechte. Wir besprechen jetzt einige besonders wichtige davon.«*

B2) Kinderrechte-Quiz im Plenum (20 Minuten):

Mit dem nun folgenden Kinderrechte-Quiz erhalten Sie einen guten Überblick über den Wissensstand Ihrer Schülerinnen und Schüler und können selbst entscheiden, wie intensiv Sie einzelne Kinderrechte besprechen möchten. Bei dem Quiz werden den Kindern wirklich existierende und erfundene Kinderrechte präsentiert und sie sollen mit Hilfe der Ampelkarten (grün = wahr; rot = erfunden) anzeigen, ob sie das jeweilige Kinderrecht für wahr oder falsch halten. Die Kinderrechte aus dem Kinderrechte-Quiz sind angelehnt an die UN Konvention über die Rechte des Kindes (vgl. Pahl, 2016; Bundesministerium für Familie, Senioren, Frauen und Jugend, 2014).

💬 *»Als Einstieg in das Thema habe ich ein paar der Kinderrechte herausgesucht aber auch einige ausgedacht, die es eigentlich gar nicht gibt. Diese zeige ich euch jetzt nacheinander und ihr sollt sagen, ob ihr glaubt, dass es dieses Recht tatsächlich gibt oder ob ich das erfunden habe.«*

V 1.1 Ampelkarten

Die PowerPoint-Präsentation wird Ihnen bereitgestellt und beinhaltet die folgenden Quiz-Fragen:

1. Alle Kinder haben die gleichen Rechte. Kein Kind darf benachteiligt werden. (Wahr!)
2. Alle Kinder haben das Recht, ein Haustier zu besitzen. (Falsch!)
3. Kinder haben das Recht, gesund zu leben, Geborgenheit zu finden und keine Not zu leiden. (Wahr!)
4. Kinder haben das Recht, zu spielen, sich zu erholen und künstlerisch tätig zu sein. (Wahr!)
5. Alle Kinder haben das Recht, selbst zu entscheiden, ob sie in die Schule gehen wollen oder nicht. (Falsch!)
6. Kinder haben das Recht, ihre Freunde immer dann zu treffen, wenn sie möchten. (Falsch!)
7. Kinder haben das Recht auf Schutz vor Gewalt, Missbrauch und Ausbeutung. (Wahr!)
8. Kinder haben das Recht, wenn sie von einer anderen Person unfair behandelt wurden, diese in gleicher Weise unfair zu behandeln. (Falsch!)
9. Kinder haben das Recht, wöchentlich ein Taschengeld zu erhalten. (Falsch!)
10. Kinder haben das Recht, dass ihr Privatleben und ihre Würde geachtet werden. (Wahr!)

Anleitung:

💬 »*Was meint ihr, ist das ein wirkliches Kinderrecht oder habe ich mir das ausgedacht? Wer meint, das ist echt? [Stimmungsbild hierzu einholen] Wer meint, das ist ausgedacht? [Stimmungsbild hierzu einholen] Warum glaubt ihr das?*«

Wenn Sie merken, dass Ihre Kinder in dem Thema schon sehr fit sind, können Sie gleich zur nächsten Aufgabe weiterleiten.

B3) Arbeitsblatt »In einer idealen Welt …« (20 Minuten):

Da das vorangegangene Quiz für Aktivierung sorgt, wird der folgende Abschnitt wieder einzeln in Stillarbeit durchgeführt. Alle Kinder erhalten das Arbeitsblatt »In einer idealen Welt … Fantasiereise in den

perfekten Schulalltag«. Hierbei sollen die Kinder versuchen, sich den »perfekten Schulalltag« vorzustellen und folgende Fragen dazu bearbeiten.
– Wie würden wir Kinder miteinander umgehen?
  – Welche Rechte hätten die anderen und ich und welche nicht?
  – Was ist jetzt nicht so wie in Deiner idealen Welt?
  – Weiteres …

V 3.2 AB
In einer idealen Welt

Achten Sie bei der Bearbeitung des Arbeitsblattes darauf, dass sich die Wünsche auf den Umgang miteinander beziehen sowie die Gestaltung des Schulalltags und nicht auf institutionelle Rahmenbedingungen, wie z. B. keine Hausaufgaben oder mehr Pausen. Geben Sie den Kindern 10–15 Minuten Zeit, ihre Ideen zu notieren.

B4) Diskussion »Mobbing verletzt Kinderrechte« (10 Minuten):

Während der Bearbeitung können Sie bereits die Karteikarten mit Mobbingbeispielen aus der letzten Fairplayer.Manual-Stunde an der Tafel befestigen. Achten Sie darauf, dass die Schülerinnen und Schüler die Karten auch lesen können, ggf. müssen Sie schon vor der Stunde ein paar Beispiele auswählen und nochmal in größerer Schrift auf ein DinA4-Blatt schreiben. Nach der Bearbeitungszeit, können Sie in die Runde fragen, wer seine ideale Welt den anderen Kindern vorstellen möchte. Wenn ein paar Kinder ihre Ergebnisse vorgestellt haben, dann fragen Sie ins Plenum, welche Gemeinsamkeiten den Schülerinnen und Schülern in den idealen Welten aufgefallen sind. Nachdem Sie nun Kinderrechte und »eine ideale Welt« diskutiert haben,

Materialien:
Karteikarten mit
Mobbingbeispielen
aus dem Termin 2
»Was ist Mobbing«

weisen Sie die Kinder darauf hin, dass Sie ein paar der Mobbing-Beispiele aus der letzten Stunde mitgebracht haben und fragen Sie die Schülerinnen und Schüler, wie man diese in Zusammenhang mit dem Thema der heutigen Stunde bringen kann. Wenn die Kinder bei der Diskussion »Startschwierigkeiten« haben, können Sie die Diskussion auch kleinschrittiger anleiten:

💬 »*Wir haben in euren ausgedachten idealen Welten also bestimmte Gemeinsamkeiten, wie [Beispiele nennen] … gehört. Wir haben jetzt an der Tafel die Mobbing-Karten aus der letzten Stunde aufgehängt. Fällt euch hier etwas auf?/Gibt es einen Widerspruch? Denken wir noch einmal an die besprochenen Kinderrechte … [evtl. Beispiele nennen, wenn Kinder nicht von alleine darauf kommen: ›Kinder haben das Recht auf Schutz vor Gewalt, Missbrauch und Ausbeutung.‹] Ist das miteinander zu vereinbaren, sich gegenseitig zu mobben, wenn man die Kinderrechte wahren möchte?«*

Am Ende der kurzen Diskussion sollen die Kinder möglichst eigenständig zu der Erkenntnis gelangen, dass Mobbing gegen Kinderrechte verstößt. Versuchen Sie die Diskussion erst einmal so offen wie möglich zu gestalten und leiten Sie die Kinder nur wenn nötig in Richtung des vorgesehenen Diskussionsergebnisses.

Sie können den Kindern nun das Blatt »Die zehn wichtigsten Kinderrechte auf einen Blick« zum einheften oder einkleben in ihr Fairplayer-Arbeitsheft austeilen. Wir würden Ihnen empfehlen, die darauf beschriebenen Kinderrechte noch einmal gemeinsam mit den Kindern durchzugehen, um sicherzustellen, dass unklare Wörter und Inhalte gemeinsam geklärt werden können.

V 3.3 Die zehn wichtigsten Kinderrechte auf einen Blick

C) Kooperatives Gruppenspiel (10–15 Minuten):

Falls in der Stunde noch Zeit verbleibt, bietet es sich vor der Feedbackrunde an, ein kooperatives Gruppenspiel mit den Kindern zu spielen. Eine Sammlung kooperativer Gruppenspiele befindet sich im Downloadbereich.

D) Feedbackrunde (5–10 Minuten):

Beenden Sie die Stunde wieder mit der Feedbackrunde, bei der die Kinder wieder die Möglichkeit erhalten, mit Hilfe der Ampelkarten ein kurzes Statement abzugeben, wie ihnen die heutige Stunde gefallen hat.

Fragen Sie die Klasse nach der Feedbackrunde, was aus ihrer Sicht, bezogen auf die Gruppenregeln aus Termin 1, besonders gut lief und lassen Sie ein paar Schülerinnen und Schüler zu Wort kommen. »Was lief heute insgesamt gut und/oder ist euch eine Mitschülerin/ein Mitschüler besonders positiv aufgefallen?« Auch Sie selbst dürfen hier gern die ganze Klasse oder auch einzelne Schüler positiv hervorheben.

Achten Sie darauf, dieses Element bei Zeitnot nicht »wegfallen« zu lassen, da die Ampelkarten- und Feedbackrunde den Rahmen einer jeden Fairplayer.Manual-Stunde bilden und ein wichtiges Ritual von Fairplayer darstellen. Wenn die Zeit doch knapper ist als gedacht, dann können Sie das kooperative Gruppenspiel optional weglassen oder durch ein weniger zeitaufwändiges Spiel (z. B. »Durchzählen«) ersetzen.

A3 Sammlung von Gruppenspielen

5.4 Termin 4: Zivilcourage in der Schule – »... was ist das?«

Zivilcouragiertes Verhalten in der Schule – bei Mobbingvorfällen – stellt im Programm Fairplayer.Manual natürlich ein zentrales Thema dar. Erfahrungsgemäß wissen die Kinder in der 5. und 6. Klasse meist noch nicht genau, was der Begriff »Zivilcourage« konkret bedeutet, daher wird in diesem Termin gemeinsam eine Begriffserklärung erarbeitet. Ziel dieses Schrittes ist es vor allem, dass die Schülerinnen und Schüler lernen, was es heißt, zivilcouragiert im Schulkontext zu handeln. Die Kinder sollten erkennen, dass sie nicht um jeden Preis eingreifen sollten, wenn sie sich z. B. dabei selbst in Gefahr bringen. Zudem werden die Kinder sensibilisiert und motiviert, auch im Alltag und in der Schule zivilcouragiert – aber klug und besonnen – bei beobachteten Mobbingvorfällen zu handeln.

KURZÜBERBLICK TERMIN 4

Gliederung			
A		Ampelkartenrunde	5–10 Minuten
B	1	Filme zu Zivilcourage	15 Minuten
	2	Begriffserklärung »Zivilcourage« in Kleingruppen und gemeinsame Begriffsdefinition	60 Minuten
C		Feedbackrunde	5–10 Minuten

Materialien
- Ampelkarten (s. Downloadbereich)
- Beamer
- Laptop
- Filme »Zivilcourage mit Macht« (s. Downloadbereich)
- Arbeitsblatt »Was ist Zivilcourage?« (s. Downloadbereich)
- Methoden der Gruppeneinteilung (s. Downloadbereich)
- Moderationskarten/Papierwolken/Blätter/Karteikarten und Filzstifte
- Fairplayer-Plakat »Wer wegsieht verliert sein Gesicht« (s. Downloadbereich) oder einfaches weißes Plakat

Ziele
- Differenzierte Auseinandersetzung mit dem Begriff Zivilcourage – was bedeutet zivilcouragiertes Handeln in der Schule?
- Erarbeiten einer gemeinsamen Definition von Zivilcourage

A) Ampelkartenrunde (5–10 Minuten)

Die Fairplayer.Manual-Stunde beginnt wieder mit der Ampelkartenrunde. Jedes Kind kann sich nun dazu äußern, wie es ihm heute geht mit Hilfe der passenden Karte. Freiwillig kann ergänzt werden, warum die Schülerin oder der Schüler in der jeweiligen Stimmung ist.

Im Anschluss an die Ampelkartenrunde erfolgt wieder der kurze Rückblick, in Form von 2–3 Sätzen, auf die letzte Fairplayer.Manual-Stunde.

B 1) Film zu Zivilcourage (15 Minuten)

Den Einstieg in das Thema bildet der Film »Zivilcourage mit Macht«, sodass weitere Erklärungen zu Beginn der Stunde nicht notwendig sind. Eine detaillierte Beschreibung und Links zu dem Film finden Sie im Downloadbereich. Erfahrungsgemäß freuen sich die Kinder über die Filmpräsentation und schauen aufmerksam zu.

Material:
Laptop, Beamer

💬 »Ich habe für euch einen kurzen Film, den ich euch zeigen möchte. Beobachtet gut was geschieht und wie sich die einzelnen Personen verhalten.«

Zeigen Sie nun den Film »Zivilcourage mit Macht«. Halten Sie den Film kurz vor Ende an, bei 0:50 Min. Fragen Sie die Klasse zunächst, was bis dahin passiert ist und wie der Film enden könnte. So wird das Geschehen zusammengefasst und Sie gehen sicher, dass alle Schülerinnen und Schüler die Handlung des Films bis zu diesem Zeitpunkt verstanden haben. Anschließend zeigen Sie den Film erneut von Beginn an, lassen ihn aber bis zum Ende durchlaufen. Fragen Sie erneut Ihre Klasse was passiert ist.

Sie können den Film öfter abspielen, falls Ihre Schülerinnen und Schüler Probleme haben, zu erkennen was passiert. Weisen Sie die Kinder darauf hin, dass der Film als ein erster Einstieg in das Thema gedacht ist und kein

Filme

„Zivilcourage mit Macht" – www.fairplayer.de (Mediathek)

Dieser Film entstand aus der Aktion „Flagge zeigen!" der Fachstelle Gewaltprävention der Landeshauptstadt Düsseldorf und weiteren Partnern. Düsseldorfer Jugendliche ab 14 Jahren wurden bei dieser Aktion seit 2009 aufgerufen Drehbücher und Ideen für Werbespots zum Thema „Flagge zeigen! Jugendwettbewerb: Videoclips für Zivilcourage" einzureichen. Grundgedanke war hierbei, dass sich Kinder und Jugendlichen mit dem Thema Zivilcourage auseinandersetzen und Alternativen zur „Kultur des Wegsehens" aufgezeigt werden. Dabei sind einige kreative Filme, ob Trickfilm, Science-Fiction-Clip oder eine realistische Darstellung von Zivilcourage, wie im Film „Zivilcourage mit Macht", entstanden.

„Das Burger-King-Experiment" – www.fairplayer.de (Mediathek)

Mit einem Experiment zum Thema Zivilcourage in einem seiner Restaurants macht sich BURGER KING® - in Kooperation mit dem Fairplayer e.V. - gegen Mobbing stark.

V 4.1 Filme: Links u. Beschreibungen

typisches Verhalten für »Zivilcourage« darstellt. Es geht jetzt erst einmal darum, dass die Kinder lernen, was man unter dem Begriff Zivilcourage versteht und was das bezogen auf den Schulkontext konkret bedeuten könnte. Thematisieren Sie nach der Bearbeitung des anschließenden Arbeitsblattes, ob die gezeigte Handlung in der Realität ein sinnvolles Verhalten darstellt und aus welchen Gründen dies vielleicht nicht der Fall ist.

B 2) Begriffserklärung »Zivilcourage in der Schule« in Kleingruppen und gemeinsame Begriffsdefinition (60 Minuten)

Die Aufgabe der Klasse ist nun, eine Erklärung für den Begriff »Zivilcourage« zu finden. Sie arbeiten dabei in Kleingruppen von vier Kindern und haben als informativen Input nur die vorher gezeigten Filme. Sie können die Gruppenarbeit beispielsweise wie folgt einleiten:

💬 »Eure Aufgabe ist jetzt, euch zu überlegen, was man unter dem Wort ›Zivilcourage‹, vor allem in der Schule, verstehen könnte. Diese Aufgabe werdet ihr in Kleingruppen von vier Kindern lösen.«

Was ist Zivilcourage?

FAIRPLAYER

Zivilcourage

V 4.2 AB Was ist Zivilcourage?

Es erfolgt die Einteilung der Kinder in die Vierer-Gruppen. Einige Ideen für kreative Gruppeneinteilungsmethoden finden Sie im Anhang. Anschließend kann

sich jede Gruppe einen Arbeitsplatz suchen. Sobald alle Schülerinnen und Schüler sitzen, können Sie die Aufgabe genauer erklären:

⬭ »Ich habe für euch ein Arbeitsblatt vorbereitet. In der Mitte steht das Wort ›Zivilcourage‹ und drum herum sind vier Felder angeordnet. In diese Felder tragt ihr ein, was ihr unter dem Wort ›Zivilcourage‹, vor allem hier bei uns in der Schule, versteht. Jedes Gruppenmitglied ist für ein Feld verantwortlich, sodass jeder aus der Gruppe etwas beitragen muss. Zum Schluss dürft ihr einen Schüler oder eine Schülerin bestimmen, der/die eure Ergebnisse vorstellt. Ihr habt dafür 20 Minuten Zeit. Falls ihr Hilfe braucht, meldet euch und dann unterstütze ich euch. Gibt es noch Fragen?«

Einigen Kindern könnte die Aufgabe schwerfallen, nur anhand der Filme eine Begriffserklärung zu generieren. Jedoch können sich auch die Gruppenmitglieder gegenseitig helfen und Sie können ebenfalls im Raum umhergehen und den Kindern helfen.

An die Gruppenarbeitsphase anschließend folgt nun die Vorstellung der Arbeitsergebnisse der einzelnen Gruppen. Die Ergebnisse können Sie an der Tafel sammeln, damit daraus am Ende der Stunde ein Merksatz gemeinsam zusammengestellt werden kann.

⬭ »Nun würde ich gern eure Ergebnisse erfahren. Ein Kind aus jeder Gruppe stellt nun vor, was in euren vier Feldern steht. Ich werde das in Stichpunkten an der Tafel aufschreiben, damit wir zum Schluss einen gemeinsamen Merksatz erarbeiten können, der dann auf einem Plakat festgehalten wird. Wer möchte beginnen?«

Nachdem alle Gruppen ihre Ergebnisse vorgestellt haben und alles an der Tafel gesammelt wurde, wird sich im nächsten Arbeitsschritt in der Klasse auf eine gemeinsame Begriffserklärung für das Wort »Zivilcourage« geeinigt und diese auf die vorbereiteten Karten oder »Papier-Wolken« geschrieben wird, damit sie zusammen mit dem Fairplayer-Plakat aufgehängt werden kann.

Material:
Karteikarten/Pappen/
Papier-Wolken, Stifte

⬭ »Es stehen viele tolle Ideen an der Tafel, was alles Zivilcourage in der Schule sein kann. Diese wollen wir jetzt auf ein Plakat schreiben. Was soll alles auf dem Plakat stehen?«

Die Kinder können abstimmen, welche Satzteile sie auf dem Plakat stehen haben möchten. Dabei sind etwa drei Satzteile ideal für die Begriffserklärung. Falls Sie das Fairplayer-Plakat verwenden, sollten Sie außerdem mit der Klasse den Slogan »Wer zuschaut verliert sein Gesicht« besprechen, denn dieses Bild kann ohne eine detaillierte Besprechung auch für Verwirrung bei den Kindern sorgen und sie eventuell erschrecken. Daher wäre es sinnvoll zu erklären, was mit diesem Ausspruch und dem dazugehörigen Bild gemeint ist. Sobald die Klasse sich geeinigt hat, welche Satzteile sie gern auf dem Plakat hätte, können Sie diese auf die vorbereiteten Karten bzw. »Papier-Wolken« notieren und das Plakat anschließend aufhängen.

Dies kann beispielsweise so aussehen:

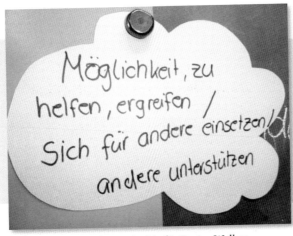

Abbildungen 9 und 10: Beispiele für Papier-Wolken

Abbildung 11: Plakat mit Papier-Wolken

C) Feedbackrunde (5–10 Minuten)

Am Ende der Stunde erhalten die Kinder wieder die Möglichkeit, mit Hilfe der Ampelkarten ein kurzes Statement abzugeben, wie ihnen die heutige Stunde gefallen hat. Dabei können die Kinder auch darauf eingehen, was ihnen besonders gut und was ihnen weniger gefallen hat.

Fragen Sie die Klasse nach der Feedbackrunde, was aus ihrer Sicht, bezogen auf die Gruppenregeln aus Termin 1, besonders gut lief und lassen Sie ein paar Schülerinnen und Schüler zu Wort kommen. »Was lief heute insgesamt gut und/oder ist euch eine Mitschülerin/ein Mitschüler besonders positiv aufgefallen?« Auch Sie selbst dürfen hier gern die ganze Klasse oder auch einzelne Schüler positiv hervorheben.

Hinweis: An dieser Stelle bietet es sich z. B. auch an, einen Präventionsbeauftragten der Polizei einzuladen, welcher mit den Kindern das Thema Zivilcourage und intelligentes zivilcouragiertes Handeln (ohne sich selbst in Gefahr zu bringen) vertiefen kann. Beispielsweise kann bei einem solchen Termin das Tätigen eines Notrufes geübt werden. Dies ist nämlich – obwohl es erst einmal einfach klingt – für die Kinder eine besondere Herausforderung. Diese Hemmungen können durch das Üben mit einem Polizeibeamten verringert werden.

5.5 Termin 5: »Wie es mir geht« – Gefühle und Körpersprache

Über unsere Stimmungen, Gefühle und Befindlichkeiten sprechen wir im öffentlichen Raum eher selten, dies ist u. a. ein Bestandteil impliziter Normen, die sich in unserer Gesellschaft etabliert haben. Oft sieht man uns dennoch an, wie es uns geht und wir erwarten von anderen Menschen, dass sie uns entsprechend behandeln, etwa mit Zurückhaltung, wenn wir verärgert sind, oder unterstützend, wenn wir schlecht drauf sind. Über Körpersprache, sprich Mimik, Gestik und Körperhaltung, können andere sehen, wie es uns geht – und umgekehrt können wir, mithilfe dieser Merkmale, die Gefühle und Stimmungen anderer erkennen.

In Konfliktsituationen werden Körperhaltung, Mimik und Gestik jedoch oft falsch wahrgenommen und in Folge fehlinterpretiert. Dies kann dazu führen, dass solche Situationen eher eskalieren, statt adäquat gelöst zu werden.

In diesem Programmschritt geht es darum, die Schülerinnen und Schüler für die Wahrnehmung und den Umgang mit Emotionen zu sensibilisieren. Der Schritt zielt darauf ab, dass die Kinder ihre eigenen Gefühle besser erkennen, reflektieren und ausdrücken können sowie Körpersignale und Gefühle von anderen Personen sensibler wahrnehmen und interpretieren können. Zentral ist zudem, dass beim Emotionsausdruck der Kontext eine bedeutsame Rolle spielt und bei der Interpretation von Emotionen zu berücksichtigen ist. Auch die Reflexion von sogenannten »maskierten« Emotionen (verdeckte Emotionen, die man vortäuscht, um das wahre Befinden zu kaschieren, um ggf. weiterhin als »cool« zu gelten) ist besonders im Zusammenhang mit Mobbing ein wichtiges Thema.

Neben diesen unmittelbaren Zielen wird darüber hinaus mit diesem Schritt die Empathie und Perspektivenübernahme der Kinder gefördert, indem die Kinder angeregt werden, unter anderem in verschiedenen Übungen die nonverbal ausgedrückte Emotion ihrer Mitschüler/innen zu benennen und interpretieren. Dafür müssen sich die Kinder in ihre Mitschüler/innen hineinversetzen, -denken und fühlen.

Abbildungen 12 und 13: Beispiele für mimischen Emotionsausdruck bei Jugendlichen

Gliederung			
A		Emotionsrunde: abgewandelte Ampelkartenrunde	15 Minuten
B	1	Emotionen im Kontext	10 Minuten
	2	Arbeitsblatt »Gefühle erkennen«	15 Minuten
	3	Übung: Modellbauer	40 Minuten
C		Feedbackrunde	5–10 Minuten

Materialien

- Ampelkarten (s. Downloadbereich)
- Bilder für die Übung »Emotionen im Kontext« (s. Downloadbereich)
- ggf. selbst vorbereitete Bilder von emotionalen Gesichtsausdrücken mit vergrößerten Bildausschnitten (mit und ohne Kontext)
- Laptop
- Beamer
- Arbeitsblatt »Gefühle erkennen« (s. Downloadbereich)
- Emotionskarten für die Übung Modellbauer bzw. das Schauspieltraining (s. Downloadbereich)
- ggf. Beschreibung der Übung Schauspieltraining (s. Downloadbereich)

Ziele

- Wahrnehmung von Körpersignalen und Gefühlen der eigenen Person und anderer Personen verbessern
- Bedeutung von Kontextinformationen und maskierten Emotionen für die Interpretation von Emotionsausdrücken berücksichtigen
- Förderung von Empathie und Perspektivenübernahme

A) Emotionsrunde: Ampelkartenrunde ohne Karten (15 Minuten):

Die Ampelkartenrunde wird für diesen Schritt zu einer Übung zur nonverbalen Kommunikation abgewandelt. Statt eine Karte hochzuhalten, sollen die Schülerinnen und Schüler pantomimisch ausdrücken, wie es ihnen heute geht. Anschließend soll der Sitznachbar versuchen, die symbolisierte Stimmungslage zu erraten und zu erläutern, woran er die Emotion erkannt hat. Sollten die Kinder bei der Übung Startschwierigkeiten haben, ist es häufig hilfreich, wenn Sie selbst die pantomimische Emotionsrunde beginnen.

B 1) Emotionen im Kontext (10 Minuten):

Die folgende Übung soll zur Erkenntnis führen, dass es für das Einschätzen der Gefühlslage einer Person

---
Material:
Laptop, Beamer
---

nicht nur wichtig ist, sich die Person genau anzusehen (Mimik, Gestik, Körperhaltung und Abstand zu Personen), sondern auch die Umgebung und Situation, in der sich die Person aktuell befindet, eine Rolle spielen kann. Hierfür benötigen Sie einen Laptop und Beamer, um die im Downloadbereich bereitgestellten Bilder und Bildausschnitte zu präsentieren.

Präsentieren Sie den Kindern nun den ersten Bildausschnitt, in dem ausschließlich das Gesicht einer Person zu sehen ist und die Umgebung »weggeschnitten« wurde.

V 5.1–V 5.17
Emotionen im
Kontext

Nachdem die Klasse eine Einschätzung vorgenommen hat, zeigen Sie das vollständige Bild. Lassen sie die Schülerinnen und Schüler ihre Annahme prüfen: Stimmte die ursprüngliche Einschätzung oder würden sie die Situation jetzt anders interpretieren? Sie können die Kinder auch ganz konkret fragen, warum sie das zweite Bild mit dem erweiterten Ausschnitt nun anders deuten würden. Die Schülerinnen und Schüler sollen dann möglichst eigenständig erkennen, dass der Kontext neue Informationen liefert, die man vorher noch nicht in die Interpretation der Gefühlslage miteinbezogen hat und dass diese Informationen auch ausschlaggebend für die korrekte Interpretation sein können. So kann z. B. ein zuerst als »wütend« wahrgenommenes Gesicht auch Ausdruck von sportlichem Engagement oder »wildem Anfeuern« sein.

Dieses Vorgehen können Sie nun mit zwei bis drei weiteren Bildern wiederholen.

Abbildung 14: Beispiel: Bild mit markiertem Bildausschnitt für die Übung »Emotionen im Kontext« mit der Situation: Anspannung und Hoffnung während eines Fußballspiels oder eines anderen sportlichen Events.

Abbildungen 15 und 16: Beispiel: Bildausschnitt und Gesamtbild mit der Situation: Mädchen sehen eine berühmte Person

---

B2) Arbeitsblatt »Gefühle erkennen« (15 Minuten):

V 5.18 AB
Emotionen erkennen

Bei dem nun folgenden Arbeitsblatt haben die Schülerinnen und Schüler die Aufgabe, unterschiedlichen Gesichtsausdrücken die jeweils passenden Emotionen zuzuordnen. Auf dem Arbeitsblatt sind insgesamt neun Gesichtsausdrücke zu sehen, denen die untenstehenden Emotionsbegriffe zugeordnet werden sollen. Es gibt insgesamt mehr Begriffe als Bilder, sodass einige Bilder auch mit unterschiedlichen Emotionsbegriffen betitelt werden können.

Lassen Sie den Kindern ausreichend Zeit, das Arbeitsblatt auszufüllen. Da es der Konzentration dient und die Bewertung der Gesichtsausdrücke sehr subjektiv ist, soll die Bearbeitung vorerst in Einzelarbeit erfolgen. Abschließend können Sie im Plenum die Ergebnisse der Kinder zusammentragen. Bei der Besprechung der Lösungsvorschläge wird deutlich, dass einige Gesichtsausdrücke auch unterschiedlichen Emotionen zugeordnet werden können, so kann Stirnrunzeln beispielsweise ein Indikator für Ärger sein, aber eben auch für Besorgnis, Verzweiflung oder Konzentration.

B3) Übung: Modellbauer (40 Minuten):

Die Übung Modellbauer bildet den zentralen Bestandteil der Doppelstunde:

(1) Teilen Sie hierfür die Klasse in Paare ein. Da die Übung Körpernähe und Berührungen voraussetzt, empfiehlt sich eine freie Partnerwahl der Schülerinnen und Schüler untereinander.

(2) Ein Paar setzt sich jeweils aus dem »Künstler« und dem »Kunstobjekt« zusammen. Der Künstler erhält eine Karteikarte mit einem Emotionsbegriff, welcher jedoch nur für den Künstler sichtbar ist und nicht an das Publikum oder das Kunstobjekt verraten werden darf. Nun hat der Künstler die Aufgabe, Mimik und Körperhaltung seines Kunstobjektes nonverbal so zu modellieren, dass die zugeteilte Emotion möglichst treffend symbolisiert wird. Zentral ist bei der Übung, dass nicht gesprochen werden darf und der Künstler auch nur in Ausnahmefällen die Emotionsdarstellung dem Kunstobjekt »vormacht«. Wenn der Künstler mit seiner Darstellung fertig ist, soll das Publikum versuchen zu erraten, welche Emotion das Kunstobjekt darstellen soll und erläutern, woran sie ihre Hypothesen festmachen. Es empfiehlt sich mit eher einfach darzustellenden Emotionen, wie Freude oder Wut, anzufangen und sich dann in der Schwierigkeit zu steigern.

(3) Es gibt verschiedene Möglichkeiten, wie man die Übung konkret umsetzen kann. Eine Möglichkeit ist, ein oder zwei freiwillige Paare nach vorne zu holen und die Kinder spontan vor der Klasse die Emotionen darstellen zu lassen. Sie können dieselbe Emotion auch von zwei Paaren parallel vorstellen lassen, hier wird dann deutlich, dass ein und dieselbe Emotion auch unterschiedlich ausgedrückt werden kann. Oder Sie wählen unterschiedliche Emotionen, die sich jedoch in der Ausdrucksweise ähneln können (z. B. Überraschung und Angst/Verzweiflung und Trauer/ Neid und Neugier). Dies sensibilisiert die Schülerinnen und Schüler auch noch einmal dahingehend, dass Emotionen »allein« nicht immer eindeutig zu interpretieren sind und der Kontext eine wichtige, mit einzubeziehende Informationsquelle ist.

Achten Sie bei der Übung unbedingt darauf, dass die Kinder vorsichtig und »sanft« miteinander umgehen. Sie können sie auch zum Perspektivwechsel anregen:

💬 »Versucht euch bitte vorsichtig anzufassen und seid nicht grob zueinander. Wenn das Kunstobjekt nicht berührt werden möchte, dann könnt ihr in Ausnahmefäl-

V 5.19 Emotionskarten für die Übung Schauspieltraining bzw. Modellbauer

len auch die Emotionsdarstellung ›vormachen‹. Aber versucht dies möglichst zu vermeiden. Stellt euch dabei immer vor, wie ihr euch selbst in der Rolle des Kunstobjektes fühlen würdet. Ihr wollt bestimmt auch nicht, dass man euch unsanft im Gesicht ›herumknetet‹.«

(4) Wenn Ihre Schülerinnen und Schüler bereits geübt in Gruppenarbeit und Selbstorganisation sind, dann können Sie die Paare auch erst einmal frei im Raum üben lassen. Der Vorteil ist dabei, dass die Kinder etwas mehr Zeit haben, sich auf die Übung vorzubereiten und sich Gedanken über die Emotionsdarstellung zu machen, bevor sie diese vor der Klasse vorstellen. Nachteilig ist jedoch, dass sie dann nicht bei jedem Paar überprüfen können, wie die Kinder miteinander umgehen. Die genaue Form der Durchführung hängt also von der Anzahl der durchführenden Personen, räumlichen und zeitlichen Gegebenheiten sowie dem Entwicklungsstatus und den Umgangsformen in der Klasse ab.

(5) Bedenken Sie bei der Durchführung der Übung unbedingt die grundlegende Prämisse der Freiwilligkeit. Da Sie vielleicht nicht genau wissen, welche Erfahrungen die Schülerinnen und Schüler mit Berührungen und körperlicher Nähe gemacht haben oder ob die Übung bei ihnen Hemmungen auslöst, sollen die Kinder frei entscheiden dürfen, ob sie einen aktiven Part bei der Übung übernehmen möchten. Erfahrungsgemäß macht die Übung den Kindern viel Spaß und es ist eher schwer, sie wieder zu »bremsen«.

Abbildung 17: Beispiel aus der Umsetzung der Übung Modellbauer

Abbildung 18: Beispiel aus der Übung Schauspieltraining

V 5.20 Übung
Schauspieltraining
und V 5.21
Schauspieltraining –
woran erkenn ich
Emotionen

Alternative/Zusatz zur Übung Modellbauer: Das Schauspieltraining

Wenn Sie merken, dass die Durchführung der Übung Modellbauer in Ihrer Klasse schwierig sein könnte, dann können Sie stattdessen auch das Schauspieltraining durchführen. Alternativ kann das Schauspieltraining (Beschreibung finden Sie im Downloadbereich) auch zusätzlich zur Übung Modellbauer durchgeführt werden. An dieser Stelle würde sich anbieten das Schauspieltraining vor dem Modellbauer durchzuführen, da dies eine gute Vorbereitung für die Übung Modellbauer bildet.

C) Feedbackrunde (5–10 Minuten):

Am Ende der Stunde erhalten die Kinder wieder die Möglichkeit mit Hilfe der Ampelkarten ein kurzes Statement abzugeben, wie ihnen die heutige Stunde gefallen hat. Dabei können die Schülerinnen und Schüler auch darauf eingehen, was ihnen besonders gut gefallen hat und was ihnen weniger gefallen hat.

Fragen Sie die Klasse nach der Feedbackrunde, was aus ihrer Sicht heute, bezogen auf die Gruppenregeln aus Termin 1, besonders gut lief und lassen Sie ein paar Schülerinnen und Schüler zu Wort kommen. »Was lief heute insgesamt gut und/oder ist euch eine Mitschülerin/ein Mitschüler besonders positiv aufgefallen?« Auch Sie selbst dürfen hier gern die ganze Klasse oder auch einzelne Kinder positiv hervorheben.

Anmerkung: Da in den nächsten Stunden Rollenspiele stattfinden werden, ist es für Ihre Planung sinnvoll, den Kindern dies mitzuteilen und in dieser Stunde schon einmal ein Stimmungsbild einzuholen, wer sich vorstellen könnte, mitzuspielen.

5.6 Termin 6: Vorbereitung der Methode Rollenspiel

Da im nachfolgenden Termin 7 »*Ich hab nix gesehen …!*« *Soziale Rollen beim Mobbing* die Methode des Rollenspiels zum ersten Mal in der Umsetzung des Fairplayer.Manuals angewendet werden soll, bieten wir Ihnen hiermit eine Möglichkeit, die Durchführung dieses Schrittes mit einem Vorbereitungsschritt zu erleichtern.

Ziele dieses 90-minütigen Schrittes sind es, zum einen die Erkenntnisse aus Termin 5 »*Wie es mir geht …*« – *Gefühle und Körpersprache* mit einer erweiterten Form der Übung Modellbauer aufzugreifen und zum anderen mit Hilfe von Standbildern Mobbingsituationen nachzustellen und dadurch über Rollenverteilungen und das Verhalten der beteiligten Personen zu diskutieren.

KURZÜBERBLICK VORBEREITUNG TERMIN 6

Gliederung			
A		Ampelkartenrunde	5–10 Minuten
B	1	Nachstellen einer Mobbingsituation im Plenum (Modellbauer) mit anschließender Diskussion	15 Minuten
	2	Gruppenarbeit: Mobbingbeispiele aus Termin 2 als Standbild umsetzen	45 Minuten
	3	gemeinsames Poster entwerfen	10 Minuten
C		Feedbackrunde	5–10 Minuten

Materialien
- Ampelkarten (s. Downloadbereich)
- Bilder mit Mobbingsituationen (s. Downloadbereich)
- Karteikarten mit den gesammelten Mobbingbeispielen aus dem Termin 2 »Was ist Mobbing«
- ggf. Requisiten (für die Standbilder)
- Kamera (zum Fotografieren der Standbilder)
- Verbindungskabel von Kamera und Laptop
- Beamer
- Pappe/ DinA3-Papier

Ziele
- Vorbereitung für die Rollenspiele in den Terminen 7, 8 und 9
- Förderung der Perspektivübernahme
- Vertiefung der Termine 2 (Was ist Mobbing) und 5 (Emotionen)

A) Ampelkartenrunde (5–10 Minuten)

Den Anfang der Stunde bildet die Ampelkartenrunde, wobei jedes Kind mit Hilfe der Ampelkarten seine/ihre Stimmung verbalisiert. Zudem kann freiwillig geäußert werden, warum man gerade in der jeweiligen Stimmung ist.

Im Anschluss an die Ampelkartenrunde erfolgt wieder der kurze Rückblick, in Form von zwei bis drei Sätzen, auf die letzte Fairplayer.Manual-Stunde, welcher für diesen Schritt besonders wichtig ist, da die Übung Modellbauer (aus dem vorherigen Schritt bekannt) in abgewandelter Form eingesetzt werden soll.

B1) Nachstellen einer Mobbingsituation im Plenum (Modellbauer) mit anschließender Diskussion (15 Minuten)

① Im Downloadbereich haben wir Ihnen einige Bilder von Jugendlichen, welche sich in einer Mobbingsituation befinden, zur Verfügung gestellt. Wählen Sie davon ein Bild aus, welches Sie mit den Kindern nachstellen möchten. Wichtig ist, dass die Kinder das Bild vorher nicht zu sehen bekommen.

Material: Kamera, Verbindungskabel, Laptop, Beamer

auch für die Unterbrechungen bei den Rollenspielen in den nächsten Stunden genutzt.

④ Nun können Sie das Standbild der Kinder fotografieren und auf dem mit dem Beamer verbundenen Laptop hochladen, sodass sich die am Standbild beteiligten Kinder wieder hinsetzen können und an der folgenden Diskussion teilnehmen können.

⑤ Anhand des Fotos, welches die Kinder nun über den Beamer sehen können, können Sie die Kinder bitten, die Situation zu analysieren.

Besprechen Sie anschließend die folgenden Fragen:

a) *Was seht ihr auf dem Bild?*

b) *Was ist das für eine Situation?/Was passiert hier gerade?*

c) *Was glaubt ihr, machen die einzelnen Personen?*

d) *Wie würdet ihr das Verhalten der Personen benennen?*

e) *Erkennt ihr bestimmte Rollen in der Situation?*

V 6.1 Bilder Mobbingszenarien

Bildquelle: Scheithauer, H., Walcher, A., Warncke, S., Klapprott, F., & Bull, H.D. (2018). *Fairplayer.Manual – Klasse 7-9: Förderung von sozialen Kompetenzen – Prävention von Mobbing und Schulgewalt. Theorie- und Praxismanual für die Arbeit mit Jugendlichen in Schulklassen* (4. vollst. überarb. & erweiterte Auflage). Göttingen: Vandenhoeck & Ruprecht.

② Bitten Sie anschließend so viele freiwillige Schülerinnen und Schüler nach vorne, wie es beteiligte Personen auf dem Bild gibt, und versuchen Sie ähnlich wie bei der Übung Modellbauer, die Kinder so zu positionieren wie die Jugendlichen auf dem Bild. Wenn Sie merken, dass es Ihnen oder den Kindern unangenehm ist, in Körperkontakt zu treten, können Sie den Kindern hier auch verbale Anweisungen geben oder bestimmte Haltungen vorgeben. Sie können das Standbild auch von einem Ihrer Schüler/innen modellieren lassen.

③ Wenn Sie das Gefühl haben, dass Ihr Standbild dem vorgegebenen Bild möglichst **ähnlich sieht,** dann frieren Sie das Standbild mit dem Kommando »Freeze« ein, welches die Kinder bereits aus der Übung Mobbingbarometer kennen. Dieses Kommando wird

⑥ Sammeln Sie die von den Schülerinnen und Schülern genannten Rollenaufteilungen und -beschreibungen an der Tafel. Dies hilft den Kindern für die folgende Gruppenarbeit. Falls die Kinder nicht von allein alle am Mobbingprozess beteiligte Rollen identifizieren können, helfen Sie, die einzelnen Rollen zu benennen:

– Mobbende Person/Person mit Täterverhalten
– Assistenten der mobbenden Person
– Verstärker
– Gemobbte Person
– Potentielle Verteidiger
– Außenstehende

Sie können natürlich die Formulierungen der Kinder übernehmen, wenn diese inhaltlich äquivalent sind.

B2) Gruppenarbeit: Mobbingbeispiele aus Termin 2 als Standbild umsetzen (45 Minuten)

Material: Mobbingbeispiele aus Termin 2 »Was ist Mobbing«

Gruppenarbeit:
Teilen Sie die Klasse nun in ungefähr drei Gruppen ein, sodass Sie mindestens sieben Personen in einer Gruppe ha-

ben (im Downloadbereich finden Sie eine Sammlung verschiedener Gruppeneinteilungsmethoden). Teilen Sie jeder Gruppe nun ein Mobbingbeispiel aus dem Termin 2 »*Was ist Mobbing*« zu. Es bietet sich an, unterschiedliche Mobbingformen zu wählen: physisches, verbales und relationales Mobbing. Eine Person aus jeder Gruppe übernimmt die Rolle des Modellbauers bzw. ist Regisseur für das Standbild. Die anderen Personen sollen sich selbst eine der zuvor erarbeiteten Rollen zuordnen (mobbende Person, Assistent der mobbenden Person, Verstärker, gemobbte Person, potentieller Helfer, Außenstehender). Geben Sie den Kindern kurz Zeit, sich in den Gruppen abzusprechen. Natürlich wird es einige Kinder geben, die mit ihrer Rollenzuteilung nicht zufrieden sind. Verdeutlichen Sie an dieser Stelle, dass die Kinder wie Schauspieler für das Bild in eine andere Rolle schlüpfen und das nichts mit ihnen persönlich zu tun hat. Wenn es jedoch Schülerinnen und Schüler gibt, die partout nicht eine bestimmte Rolle nachstellen möchten, dann versuchen Sie in der Gruppe so zu vermitteln, dass am Ende alle Rollen möglichst zufriedenstellend verteilt sind.

A2 Methoden der Gruppeneinteilung

Standbilder vorstellen:

Anschließend soll jede Gruppe nacheinander nach vorne kommen und »ihr« Standbild nachstellen. Fotografieren Sie die jeweiligen Standbilder und fragen

Sie die Zuschauer, welche Rollen sie woran erkennen konnten und welche Situation nachgestellt wurde. Wenn nötig, können Sie neue oder besonders hilfreiche Informationen bezüglich der einzelnen Rollen an der Tafel ergänzen.

B3) Gemeinsames Poster entwerfen (10 Minuten)

Im Optimalfall stehen nun an der Tafel die verschiedenen Rollen, welche an einem Mobbingprozess beteiligt

Material: Pappe/ DinA3-Papier

sind und bestimmte Merkmale und Verhaltensweisen, anhand derer man die jeweilige Rolle erkannt hat. Versuchen Sie, diese Informationen gemeinsam mit den Schülerinnen und Schülern geordnet auf ein Poster zu bringen. Wenn die Kinder

damit einverstanden sind, können Sie in der nächsten Stunde auch die ausgedruckten Fotos der Standbilder auf dem Poster ergänzen. Hängen Sie das Poster anschließend gut sichtbar im Klassenraum auf. Anhand dessen können die Kinder im nächsten Schritt ihre Rolle im Rollenspiel mit bestimmten Verhaltensweisen füllen und eventuell fällt es ihnen leichter, sich in die verschiedenen Rollen einzufinden.

C) Feedbackrunde (5–10 Minuten)

Am Ende der Stunde erhalten die Kinder wieder die Möglichkeit mit Hilfe der Ampelkarten ein kurzes Statement abzugeben, wie ihnen die heutige Stunde gefallen hat. Dabei können die Schülerinnen und Schüler auch darauf eingehen, was ihnen besonders gut gefallen hat und was ihnen weniger gefallen hat.

Fragen Sie die Klasse nach der Feedbackrunde, was aus ihrer Sicht heute, bezogen auf die Gruppenregeln

aus Termin 1, besonders gut lief und lassen Sie ein paar Schülerinnen und Schüler zu Wort kommen. »Was lief heute insgesamt gut und/oder ist euch eine Mitschülerin/ein Mitschüler besonders positiv aufgefallen?« Auch Sie selbst dürfen hier gern die ganze Klasse oder auch einzelne Kinder positiv hervorheben.

5.7 Termin 7: »Ich hab nix gesehen ...!« Soziale Rollen beim Mobbing

Dieser zentrale Schritt von Fairplayer.Manual befasst sich damit, dass die Schülerinnen und Schüler die verschiedenen sozialen Rollen beim Mobbing (nach dem Modell des Participant-Role-Ansatzes, Salmivalli, Lagerspetz, Björkqvist, Österman u. Kaukiainen, 1996) kennenlernen und sich im Rollenspiel in diese Rollen hineinversetzen und Erfahrungen sammeln, wie sie sich in der jeweiligen Rolle fühlen. Zudem führt der Schritt zur Selbstreflexion über die eigene Beteiligung an solchen Gruppenprozessen sowie der Auseinandersetzung mit möglichen Lösungen und Handlungsalternativen, welche in den Terminen 8 und 9 noch intensiver bearbeitet werden. Dieser Schritt ist relativ komplex und benötigt gründliche Vorbereitungen, macht den Kindern erfahrungsgemäß jedoch viel Spaß und bietet einen großen Erkenntnisgewinn.

KURZÜBERBLICK TERMIN 7 (Wiederholung wird empfohlen)

Gliederung			
A		Ampelkartenrunde	5–10 Minuten
B	1	Einführung der Feedbackregeln	10 Minuten
	2	Rollenspiel – Vorarbeiten vor dem Rollenspiel – Vorbereitung mit der Klasse – Durchführung – Auswertung	60 Minuten
C		Feedbackrunde	5–10 Minuten

Materialien
- Ampelkarten (s. Downloadbereich)
- Eckpunkte für das Rollenspiel (s. Downloadbereich)
- Requisiten für das Rollenspiel:
  - Namensschilder mit fiktiven Namen
  - rote Stopp-Karten (s. Downloadbereich)
  - Verkleidungsgegenstände
- Rollenbeschreibungen (s. Downloadbereich)
- Rollenspielszenario (s. Downloadbereich)
- Grafik Participant-Role-Ansatz (s. Downloadbereich)

Ziele
- Rollen beim Mobbing erkennen
- Sensibilisierung der Wahrnehmung von Gruppenprozessen beim Mobbing
- sich in verschiedene Rollen hineinversetzen
- Empathie und Perspektivenübernahme verbessern

A) Ampelkartenrunde (5–10 Minuten)

Den Anfang der Stunde bildet die Ampelkartenrunde, wobei jedes Kind mit Hilfe der Ampelkarten seine/ihre Stimmung verbalisiert. Zudem kann freiwillig geäußert werden, warum man gerade in der jeweiligen Stimmung ist.

Im Anschluss an die Ampelkartenrunde erfolgt wieder der kurze Rückblick, in Form von 2–3 Sätzen, auf die letzte Fairplayer.Manual-Stunde.

B1) Einführung der Feedbackregeln (10 Minuten)

Die Einführung der Feedbackregeln ist an dieser Stelle besonders wichtig, damit die Kinder wissen, was sie beachten müssen, wenn sie einem Mitschüler oder einer Mitschülerin eine Rückmeldung zu einer Leistung geben oder wenn sie eine Rückmeldung erhalten.

Es bietet sich an, dies als Ideensammlung im Plenum zu gestalten, sodass die Einführung nicht allzu viel Zeit einnimmt, denn es sollte genügend Zeit für das zentrale Rollenspiel bleiben. Befragen Sie also die Klasse, welche Feedbackregeln sie kennen, sowohl bezüglich des Gebens als auch des Empfangens von Feedback. Die Gedanken der Kinder können Sie an der Tafel sammeln und ergänzen, falls etwas Wichtiges fehlt. Zur Verinnerlichung können die Schülerinnen und Schüler diese Regeln von der Tafel abschreiben.

Feedbackregeln	
Feedback geben:	**Feedback nehmen:**
– Sachliche Formulierung (Negativbeispiel: »ich finde das blöd«, das ist weder konstruktiv, noch sachlich und bietet für die betreffende Person keine Möglichkeit, sich zu verbessern) – Ich-Perspektive – Nur Verhalten bewerten, nicht die Person (z. B. Positivbeispiel: »ich finde deine Anmerkungen sehr gut und zwar gefällt mir besonders …«) – Sandwich-Methode: zuerst etwas Positives benennen, dann Kritikpunkt, mit etwas Positivem abschließen	– Rückmeldung vollständig anhören und dann für sich überlegen, was man davon annehmen möchte – Keine Rechtfertigung/Verteidigung (damit ist gemeint, dass man die Person, die ein Feedback gibt, aussprechen lässt und dieser wenn nötig, sachliche Rückfragen stellen kann) – Dank für die Rückmeldung aussprechen

B2) Rollenspiel (60 Minuten)

Vorarbeiten für den Rollenspiel-Termin

① Überlegen Sie sich bereits im Vorfeld vor diesem Termin fiktive Namen, mit denen Sie dann später das Rollenspiel durchführen. Die Verwendung solcher Rollennamen soll das Spiel und die Reflexion des Geschehens erleichtern und den Kindern helfen, sich von der Rolle, die sie spielen, abzugrenzen. Suchen Sie sich daher Namen aus, die in der Klasse (eventuell auch Parallelklassen) nicht vorkommen, mit denen die Kinder jedoch etwas anfangen können. Vermeiden Sie möglichst »stereotype« Namen, die eventuell schon im Vorfeld negativ besetzt sein könnten. Hiermit soll vermieden werden, dass die Rollenspielerinnen und Rollenspieler eventuell nach dem Rollenspiel mit Hilfe der Rollennamen stigmatisiert werden. Für das Rollenspiel weisen Sie den Schülerinnen und Schülern die Namen zu, die Kinder dürfen sich diese nicht selbst aussuchen.

Sie werden für das Rollenspiel sechs bis acht fiktive Namen bzw. Namensschilder brauchen, die Sie im Idealfall schon im Vorfeld vorbereiten.

Material: fiktive Namen für die schauspielernden Kinder

Wichtig für Rollenspiele

ROLLENNAMEN
Schauspielerinnen/Schauspieler nur mit den Rollennamen ansprechen (Rollennamen kommen weder in der eigenen Klasse noch in einer Parallelklasse vor)

„FREEZE"
Die Situation wird eingefroren

ROTE „STOPP"-KARTEN
Anhalten des Rollenspiels mit den roten Stopp-Karten

V 7.1 Eckpunkte des Rollenspiels

② Sie können den thematischen Hintergrund des Rollenspiels selbst bestimmen (z. B. Situation in der Sportumkleide, auf dem Weg zum Schwimmunterricht, in der Mensa).

Material: V 7.5
Rollenspielszenario

Dabei darf das Szenario einem Konflikt aus dem Schulalltag ähneln. Sie sollten es jedoch auf jeden Fall vermeiden, einen aktuell in der Klasse oder Schule tatsächlich bestehenden Konflikt im ersten Rollenspiel direkt zu thematisieren.

Für das erste Rollenspiel empfehlen wir daher eine Situation vorzugeben. Folgendes Szenario hat sich bewährt:

💬 **Das Szenario:** *Stellt Euch vor, es läutet zur großen Pause. Die Lehrerin/der Lehrer gibt noch schnell Hausaufgaben auf und danach gehen alle Kinder aus dem Klassenzimmer. Aus allen Räumen kommen Schülerinnen und Schüler und wollen auf den Schulhof. Dort sitzen ein paar Kinder auf einer bequemen Holzbank und daneben haben sich einige auf eine der Tischtennisplatten gesetzt. Es kommen immer noch Schülerinnen und Schüler aus dem Schulgebäude auf den Schulhof, zum Beispiel auch [Rollenname Mobber /Mobberin] und [Rollenname Assistent/in]. Sie gucken sich kurz um und gehen dann auch hinüber zur Bank und der Tischtennisplatte. Anscheinend haben Sie dort jemanden gesehen, der ihnen nicht passt …*

Beim Start des Rollenspiels positionieren Sie die einzelnen Rollen wie in der Grafik oben gekennzeichnet.

③ Die Schülerinnen und Schüler bekommen im Rollenspiel Blätter mit einer Beschreibung ihrer Rolle. Der Participant-Role-Ansatz dient hier als Grundlage, wobei dieser zwischen sechs Rollen beim Mobbing

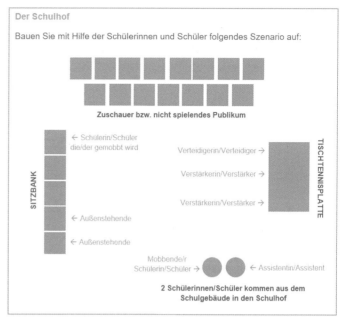

Abbildung 19: Positionierung der Personen im Rollenspiel

unterscheidet. In den Ihnen bereitgestellten Rollenbeschreibungen im Word-Format haben Sie die Möglichkeit, die fiktiven Namen in die jeweiligen Rollenbeschreibungen einzubauen. Sie finden an den passenden Stellen einen rot markierten Platzhalter. Dies erleichtert den Kindern den Einstieg in das Rollenspiel, da sie nun ungefähr wissen, mit wem sie wie interagieren sollen.

④ Wir empfehlen die folgende Rollenaufteilung für das Rollenspiel:

1. **Mobbende/r Schülerin/Schüler (Täter):** Eine Person – möglichst mit gefestigter Persönlichkeit und ausreichend Selbstsicherheit
2. **Gemobbte/r Schülerin/Schüler (Opfer):** Eine Person – möglichst mit gefestigter Persönlichkeit und ausreichend Selbstsicherheit
3. **Assistentin/Assistent der/des mobbenden Schülerin/Schülers:** Eine Person
4. **Verstärkerin/Verstärker der/des mobbenden Schülerin/Schülers:** Zwei Personen
5. **Potenzielle/r Verteidigerin/Verteidiger der/des gemobbten Schülerin/Schülers:** Eine Person
6. **Außenstehende/r:** Zwei Personen

7.6 Grafik
Participant-Role-
Ansatz

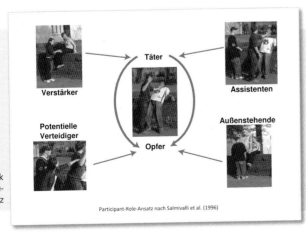

Tipp: Sie können die jeweilige Rolle auch doppelt besetzen und zwar so, dass die Kinder je im Tandem eine Rollen spielen. Dabei ist ein Kind der »Haupt-Schauspieler« und das andere Kind kann unterstützend helfen und Ideen generieren. Dies ist besonders bei schüchternen Kindern hilfreich, da sich die Kinder vor und während des Rollenspiels gemeinsam besprechen können.

In folgender Tabelle finden Sie, welche Rollenbesetzungen sich aus unserer Erfahrung am meisten anbieten und welche vermieden werden sollten:

Reale Rolle in einer Mobbingsituation	Im Rollenspiel	Besetzung vermeiden
Mobbende/r Schülerin/Schüler	Verteidigerin/Verteidiger Außenstehende/r	Mobbende/r Schülerin/Schüler Gemobbte/r Schülerin/Schüler
Gemobbte/r Schülerin/Schüler	Außenstehende/r	Mobbende/r Schülerin/Schüler Gemobbte/r Schülerin/Schüler
Assistentin/Assistent	Außenstehende/r	Assistentin/Assistent Mobbende/r Schülerin/Schüler
Verstärkerin/Verstärker	Alle Rollen möglich	–
Potentielle Verteidigerin/ Verteidiger	Verteidigerin/Verteidiger Mobbende/r Schülerin/ Schüler Gemobbte/r Schülerin/ Schüler	–
Außenstehende/r	Alle Rollen möglich	–

Besonders bei Kindern, die ihrer Meinung nach in der Realität Opfererfahrungen gemacht haben oder Täterverhalten gezeigt haben, sollte in der Rollenbesetzung Fingerspitzengefühl gezeigt werden. Annahmen wie »Der Täter soll mal sehen wie man sich als Opfer fühlt« sollten Sie hier schnell verwerfen! Dies mag in einigen seltenen Fällen sinnvoll sein, meist jedoch ist diese Besetzung keine gute Idee, da u. a. oft nicht bekannt ist, ob z. B. ein Täter in der Klasse in einem anderen Kontext (Familie, Freunde, etc.) nicht selbst Opfer ist.

Oft ist es hilfreich, sozial akzeptierten und selbstbewussten Kindern die Rolle des Täters und des Opfers im ersten Rollenspiel zu überlassen, um negative Rollen nicht zu festigen und Opfer nicht bloßzustellen.

Ganz besonders wichtig ist es, die Rollenzuweisungen möglichst natürlich und für die Schülerinnen und Schüler spontan wirkend durchzuführen, sodass die Kinder nicht das Gefühl haben, eine Rolle aus einem bestimmten Grund zugewiesen bekommen zu haben. Beziehen Sie die Schülerinnen und Schüler also nicht in Ihre Überlegungen bezüglich der Rollenverteilung mit ein und versuchen Sie Sätze wie »Peter, für dich wäre es doch hilfreich, mal in die Opferrolle zu schlüpfen, damit du weißt, wie es sich anfühlt.« unbedingt zu vermeiden. Sie sehen auch hier wieder, wie wichtig es ist, sich gut auf diesen Termin vorzubereiten. In diesem Fall sind Vorüberlegungen zu Rollenverteilungen für das Rollenspiel für alle Schülerinnen und Schüler der Klasse wichtig, da Sie im Vorfeld nicht wissen, wer sich freiwillig melden wird.

Vorbereitung auf das Rollenspiel mit der Klasse

① Teilen Sie den Schülerinnen und Schülern mit, dass für heute ein Rollenspiel geplant ist und dass Sie sich dafür nochmal an den letzten Termin erinnern sollen, in dem es um das Thema »Gefühle und Körpersprache« ging. Die Schauspielerinnen und Schauspieler sollen ihre Rolle dann auch entsprechend mit Mimik, Gestik und Körperhaltung ausfüllen, so gut es geht. Bevor es jedoch losgeht müssen noch ein paar Dinge geklärt werden.

② Appellieren Sie an die Kreativität der Kinder. Lassen Sie zu, dass es laut zugeht und Hilfsmittel eingebaut werden; einige Außenstehende schirmen sich etwa gern per (abgeschaltetem) Mp3-Player ab oder spielen mit ihrem (ausgeschalteten) Smartphone.

③ Klären Sie die Klasse auf, dass jeder Schauspieler und jede Schauspielerin einen Rollennamen bekommt und dass, solange das Rollenspiel läuft, jeder Mitspieler/jede Mitspielerin in seiner/ihrer Rolle bleibt und auch nur mit dem Namen angesprochen werden soll, der auf dem Namensschild steht.

Belassen Sie die Schülerinnen und Schüler in ihren Rollen bis zum Abschluss des Auswertungsgesprächs. Die Namen können helfen, freier über die Situationen und Gefühle zu sprechen, die die Kinder während des Rollenspiels bewegt haben. Um die Trennung der fiktiven Rolle von den Personen zu unterstreichen, können Sie Requisiten zur Verkleidung verwenden. Zudem sollten Sie sich Zeit nehmen, den Beginn und das Ende des Rollenspiels, also die Namensgebung und vor allem das Abgeben des Namens/der Rolle, hervorzuheben. Die Schülerinnen und Schüler könnten sich zum Beispiel nach Abschluss des Rollenspiels vor dem applaudierenden Publikum verbeugen und ihre Namensschilder an ihrem jeweiligen Startpunkt des Rollenspiels ablegen, um die klare Trennung zwischen fiktiver Rolle und realem Selbst symbolisch hervorzuheben und den Rollennamen sozusagen »in der Szene zu belassen«.

④ Erklären Sie den Kindern das **Stopp-Zeichen** mit den roten Karten, das eingesetzt werden kann, wenn ihnen eine Situation im Rollenspiel zu unangenehm wird. Die Karten können die Schülerinnen und Schüler in Jacken- oder Hosentaschen aufbewahren. Es kann natürlich auch ein anderes Stopp-Zeichen vereinbart werden.

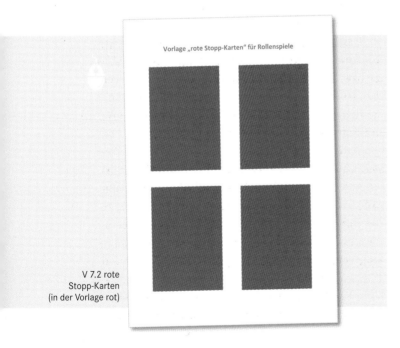

Vorlage „rote Stopp-Karten" für Rollenspiele

V 7.2 rote
Stopp-Karten
(in der Vorlage rot)

⑤ Klären Sie die Klasse darüber auf, dass Sie mittels **Freeze-Technik** (in Anlehnung an die Bundeszentrale für politische Bildung – Methodendatenbank) ins Rollenspiel eingreifen können. Dieses Kommando kennen die Kinder bereits aus der Stunde »Was ist Mobbing«. Sie können mit dem Ruf »Freeze« einzelne Situationen im Rollenspiel einfrieren und somit direkt ins Rollenspiel hineingehen. Alle Schauspielerinnen und Schauspieler müssen dann genau dort stehenbleiben, wo sie zu dem Zeitpunkt waren, als »Freeze« gerufen wurde. In diesen »eingefrorenen« Situationen soll allerdings auf keinen Fall eine Rolle ausgetauscht werden, wie man es aus anderen Rollenspielen kennt (passiver Zuschauer tauscht Rolle mit aktivem Schauspieler), damit bei dem/der schauspielernden Schüler/ Schülerin nicht das Gefühl entsteht, etwas falsch gemacht zu haben. Nach dem Einfrieren wird die Szene also mit denselben SchauspielerInnen von dem Punkt an fortgesetzt, an dem sie unterbrochen wurde.

⑥ Schreiben Sie folgende Punkte an die Tafel:
STOPP – Rote Karten
FREEZE – Einfrieren der Situation
ROLLENNAMEN – Schauspielerinnen und Schauspieler nur damit ansprechen

Durchführung des Rollenspiels

① Fragen Sie nun in der Klasse nach sechs Freiwilligen, die gern beim Rollenspiel mitspielen würden. Unserer Erfahrung nach sind es selten zu wenig Kinder die spielen wollen, sondern meist zu viele. Beruhigen Sie die Kinder, indem Sie ihnen erklären, dass dies nicht das letzte Rollenspiel ist und alle die spielen wollen im Laufe von Fairplayer einmal drankommen.

② Weisen Sie den Schauspielerinnen und Schauspielern die von Ihnen vorbereiteten fiktiven Namen zu.

③ Zudem bekommt jede Rollenspielerin und jeder Rollenspieler eine rote STOPP-Karte.

④ Verteilen Sie nun die Blätter mit den Rollenbeschreibungen an die Schülerinnen und Schüler und bitten Sie sie, sich im Raum zu verteilen und sich den Text alleine durchzulesen. Die Kinder dürfen dabei gern Verständnisfragen stellen. Im nächsten Schritt gehen die schauspielernden Kinder gemeinsam auf den Flur oder in einen anderen Raum, wenn Sie einen zur Verfügung haben. Nun können sich die Kinder austauschen und überlegen, wie sie das Rollenspiel gestalten wollen. Gerade jüngere Kinder benötigen mehr Vorbereitungszeit für das Rollenspiel und können nicht, wie viele ältere Jugendliche, ad hoc beginnen, zu spielen. Geben Sie ihnen ruhig die Zeit, appellieren Sie jedoch trotzdem an die Kreativität und Spontanität der Kinder.

⑤ Während die Akteure sich ihre Rollen durchlesen, verteilen Sie an das »Publikum« verschiedene Beobachtungsaufgaben. Im Rollenspiel selbst agieren nur 6–8 Schülerinnen und Schüler, das heißt es gibt noch einige, die keine Schauspielaufgabe zugewiesen bekommen haben. Geben Sie diesen Kindern klare Beobachtungsaufträge. Diese Aufträge können Sie einzelnen Kindern zuweisen oder auch kleinen Schülergruppen.

Exemplarische Beobachtungsaufträge für das Rollenspiel:

– *Was passiert auf der Parkbank?*
– *Was passiert an der Haltestelle?*
– *Beobachtet ganz genau, was Person 1, Person 2, etc. macht*
– *Findet Situationen, in denen das Spiel hätte kippen bzw. anders laufen können*

⑥ Anschließend bauen Sie mit Hilfe von Schülerinnen und Schülern aus dem Publikum das Szenario auf und verteilen die Protagonisten entsprechend in der Situation (siehe Skizze weiter oben). Die Zettel mit den Rollenbeschreibungen sollen die Schauspielerinnen und Schauspieler unter ihren Stuhl bzw. zur Seite legen. Lesen Sie daraufhin das Szenario laut vor.

⑦ Nun können Sie das Rollenspiel mit der Anweisung »Und Action!« starten. Falls vorhanden (z. B. aus der Theater-AG), können Sie als Startzeichen auch eine Regieklappe verwenden um den symbolischen Charakter des Schauspiels noch stärker hervorzuheben.

⑧ Treten im Rollenspiel interessante Aktionen bzw. Situationen auf, können Sie das Rollenspiel jederzeit einfrieren. In diesen »eingefrorenen« Situationen können Sie die Schülerinnen und Schüler fragen, wie sie sich momentan in der Rolle fühlen. Sprechen Sie da-

Hinweis:

Versuchen Sie, das Rollenspiel solange laufen zu lassen, bis es keine neuen Impulse seitens der Akteure mehr gibt. Zu häufiges Einfrieren und Diskutieren während des Spiels, kann die Konzentration einiger Schülerinnen und Schüler vom Spiel wegführen. Sie kennen Ihre Klasse am besten und können daher selbst einschätzen, wie viele Unterbrechungen Sie Ihren Kindern zutrauen können. Wenn Sie das Gefühl haben, Sie müssten das Rollenspiel abbrechen, dann erläutern Sie den Kindern, warum Sie dies für nötig erachtet haben.

zu die Kinder stets über ihren Rollennamen an. Wenn Sie ein Bild einfrieren, sollten Sie die Kinder (Mitspieler und Publikum) dazu auffordern, die aktuelle Situation genau zu analysieren. Nehmen Sie sich genügend Zeit, um die Gefühle aller Schauspielerinnen und Schauspieler anzusprechen. Beachten Sie das Prinzip der Freiwilligkeit. Wenn sich Beteiligte nicht äußern möchten, sollte das akzeptiert werden. Achten Sie zudem darauf, dass innerhalb des Rollenspiels alle Schauspielerinnen und Schauspieler und auch alle Kinder/Gruppen mit Beobachtungsaufgaben mindestens einmal zu Wort kommen.

Beenden und Nachbesprechung des Rollenspiels

① Im Anschluss beenden die Kinder symbolisch das Spiel, indem sie sich vor dem applaudierenden Publikum verbeugen, nacheinander die Namensschilder (und ggf. Requisiten) abnehmen und zum Startpunkt ihrer Rolle im Rollenspiel legen. Loben Sie Ihre Schülerinnen und Schüler für die gelungene schauspielerische Leistung.

② Diskutieren Sie am Ende das Geschehen nochmal ausführlich: Geben Sie den Schauspielern die Möglichkeit, gezeigtes Verhalten, aber auch ihre Gedanken und Gefühle zu ihrer Rolle aus ihrer realen Perspektive zusammenzufassen. War es für sie schwer, die Rolle zu spielen, wie haben sie sich in der Rolle gefühlt, etc. Im Anschluss können einige Kinder, die mit Beobachtungsaufträgen ausgestattet waren, ihre abschließenden Beobachtungen mitteilen.

③ Sie können die Kinder zudem bitten, sich eine der Handlungen herauszusuchen und zu überlegen, was für einen Unterschied es gemacht hätte, wenn sich die Rolle dort anders verhalten hätte.

④ Das Publikum darf nun raten, welcher fiktive (!) Rollenname zu welcher Rolle (im Sinne von gemobbter bzw. mobbender Person/Verteidigerin oder Verteidiger etc.) gehörte und wie Sie diese Rolle nennen würden. Fragen Sie dabei die Kinder, woran sie ihre persönliche Einschätzung der Rolle festgemacht haben. Notieren Sie die Namen, welche die Klasse den fünf verschiedenen Rollen gibt, auf einem Flipchart oder an der Tafel. Versuchen Sie die Anordnung der Rollennamen räumlich in etwa so zu gestalten wie es die Participant-Role-Grafik vorgibt. Am Ende sollen die Kinder erkennen können, welche Rollen es in Mobbing-Situationen gibt. Wichtig ist: Nicht nur Opfer und Täter haben einen Einfluss auf die Situation, sondern die ganze Klasse oder Gruppe, also auch Assistenten, Verstärker, potenzielle Verteidiger und Außenstehende.

V 7.4 Rollen-
beschreibungen –
ohne Kontext

⑤ Aufgrund der Tatsache, dass das erste Rollenspiel meist »negativ« endet (z. B. Verteidiger greift körperlich ein, macht sich selbst zur Zielscheibe und lässt die Situation so eskalieren) sollte sich die Gesamtgruppe nun überlegen, ob es alternative Lösungsmöglichkeiten als Ausweg aus der Rollenspiel-Situation gibt. Eine der Möglichkeiten sollte dabei noch einmal kurz als kleines Rollenspiel mit anderer Besetzung (Schülerinnen und Schüler, die noch nicht gespielt haben)

durchgespielt werden, um den Termin mit einem positiven Eindruck zu beenden. Das zweite Rollenspiel muss dabei nicht so ausführlich gespielt (kein FREEZE) und ausgewertet werden, wie das Erste, es dient lediglich dazu eine Lösungsmöglichkeit kurz darzustellen und den Termin positiv ausklingen zu lassen, falls Sie dafür genügend Zeit haben.

Variation: Im Downloadbereich haben wir Ihnen zum einen wie beschrieben die Rollenbeschreibungen mit Kontextinformation bereitgestellt. Zum anderen finden Sie dort auch die Variation der Rollenbeschreibungen ohne Kontext; das bedeutet, dass die Kinder das Rollenspiel ganz frei gestalten können und ihnen keine »eingrenzende« Rollenbeschreibung vorgegeben wird. Diese Variante können Sie gern beim Wiederholen des Rollenspiels ausprobieren – oder bereits zuvor, wenn sie der Meinung sind, dass die Kinder in ihrer Klasse das Rollenspiel in der offenen Form gut meistern können.

C) Feedbackrunde (5–10 Minuten)

Am Ende der Stunde erhalten die Kinder wieder die Möglichkeit, mit Hilfe der Ampelkarten ein kurzes Statement abzugeben, wie ihnen die heutige Stunde gefallen hat. Dabei können die Schülerinnen und Schüler auch darauf eingehen, was ihnen besonders gut gefallen hat und was ihnen weniger gefallen hat.

Fragen Sie die Klasse nach der Feedbackrunde, was aus ihrer Sicht heute, bezogen auf die Gruppenregeln aus Termin 1, besonders gut lief und lassen Sie ein paar Schülerinnen und Schüler zu Wort kommen. »Was lief heute insgesamt gut und/oder ist euch eine Mitschülerin/ein Mitschüler besonders positiv aufgefallen?« Auch Sie selbst dürfen hier gern die ganze Klasse oder auch einzelne Kinder positiv hervorheben.

Wiederholung in einem weiteren Termin: Zweites Rollenspiel

Das Rollenspiel ist ein ganz zentrales Element von Fairplayer.Manual für die 5. und 6. Klasse. Daher empfehlen wir das Rollenspiel – wie in Termin 7 beschrieben – mit einer anderen Situation zu wiederholen. Rollenspiele gelingen erfahrungsgemäß in einer Klasse von Mal zu Mal besser und geben den Kindern wichtige Denkanstöße, um Mobbingsituationen nachfühlen und verstehen zu können. Daher ist eine mehrmalige Durchführung unbedingt anzuraten. Achten Sie bitte darauf, für dieses zweite Rollenspiel ein anderes Szenario/Thema zu wählen (z. B. nach dem Sportunterricht in der Umkleide) und zudem, dass andere Kinder als in Termin 7 als Schauspielende »zum Zug kommen«.

5.8 Termin 8: »Was kann ich tun?« – Handlungsalternativen (Teil 1)

In den letzten Fairplayer.Manual-Stunden haben die Schülerinnen und Schüler unter anderem gelernt, komplexe und kritische Situationen zu identifizieren und welche Rollen es in Mobbingsituationen gibt. Sie haben erfahren, welche gruppendynamischen Prozesse sich in der konkreten Mobbingsituation entfalten können (Termin 7 »Soziale Rollen beim Mobbing«). Obwohl das Rollenspiel aus Termin 7 nicht mit einer finalen Handlungsauflösung (im Sinne einer »Lösung« der Situation) enden muss, bietet es sich an dieser Stelle an, einen Schritt weiterzugehen und zu überlegen, wie man das erlernte Wissen und eine prosoziale Einstellung in konkretes Verhalten umsetzen kann, ohne sich dabei selbst in Gefahr zu bringen. Ziel dieses Schrittes ist es, zu hinterfragen, welche alternativen Handlungsstrategien es in Mobbingsituationen gibt und wie ich »richtig« (i. S. von klug, besonnen) eingreifen kann, um dem/der Schüler/in, der/die gemobbt wird, zu helfen, ohne dabei selbst zur Zielscheibe zu werden. Zuerst einmal geht es primär darum, kreative Ideen zu entwickeln, was man beim Erkennen einer Mobbingsituation alternativ zum »nichts tun« oder »Wegsehen« tun kann und zu hinterfragen, welche Handlungsideen aus welchen Gründen realistischer, sinnvoller oder »vernünftiger« sind. Die Kinder sollen dabei nicht das Gefühl haben, nach der »einen richtigen Lösung« suchen zu müssen, da dieser Schritt darauf abzielt, eine konkrete Veränderung auf der Verhaltensebene durch das Ausein-andersetzen und Einüben von Handlungsalternativen zu erleichtern.

Der Umfang dieses Themenblocks liegt bei zwei Terminen, also insgesamt 2×90 Minuten. Aus der psychologischen Forschung weiß man, dass Menschen, egal ob jung oder alt, in schwierigen bzw. brenzligen Situationen in bereits erlernte und bekannte Verhaltensmuster verfallen. In Bezug auf eine klassische Mobbingsituation würde dies bedeuten, dass die Mobberin/der Mobber zunehmend aggressiver wird, während sich die gemobbte Person ihrem Schicksal ergibt und sich der Rest der Klasse raushält oder die mobbende Person anfeuert. Die erlernten Verhaltensmuster sollen mittels Fairplayer.Manual für die 5. und 6. Jahrgangsstufe durchbrochen werden. Dies kann nur geschehen, wenn die Kinder alternative Handlungsstrategien erarbeiten und einüben, welche sie dann in entsprechenden Situationen auch abrufen können. Um solche Verhaltensmuster zu entwickeln, bietet Fairplayer.Manual hier genügend Zeit. Damit sich diese jedoch dauerhaft einprägen und außerhalb des Projekts umgesetzt werden, ist es auch über die erstmalige Durchführung von Fairplayer.Manual hinaus notwendig, sich immer wieder mit alternativen Handlungsstrategien zu beschäftigen und deren Angemessenheit zu reflektieren, z. B. indem Sie entweder real auftretende Konflikte oder fiktive Konflikte mit der Klasse wiederholt reflektieren und gemeinsam nach Handlungsalternativen suchen.

KURZÜBERBLICK TERMIN 8

Gliederung			
A		Ampelkartenrunde	5–10 Minuten
B	1	Zugrunde liegende Mobbingsituation analysieren	15 Minuten
	2	Gruppenarbeit: alternative Handlungsideen entwickeln (inkl. Filminput)	25 Minuten
	3	Gruppenarbeit: Rollenspiel entwerfen	30 Minuten
C		Feedbackrunde	5–10 Minuten

Materialien
- Ampelkarten (s. Downloadbereich)
- ggf. Geschichte mit Mobbingsituation (s. Downloadbereich)
- Laptop
- Beamer
- ggf. Lautsprecher
- Friends-Initiative-Filme (s. Downloadbereich)

Ziele
- Transfer auf eigene Lebenssituation
- Handlungsmöglichkeiten kennenlernen und erleben
- Perspektivenübernahme und Empathie verbessern

A) Ampelkartenrunde (5–10 Minuten)

Den Anfang der Stunde bildet die Ampelkartenrunde, wobei jedes Kind mit Hilfe der Ampelkarten seine/ihre Stimmung verbalisiert. Zudem kann freiwillig geäußert werden, warum man in der jeweiligen Stimmung ist.

Im Anschluss an die Ampelkartenrunde erfolgt wieder der kurze Rückblick, in Form von zwei bis drei Sätzen, auf die letzte Fairplayer.Manual-Stunde.

B1) Zugrunde liegende Mobbing-Situation analysieren (15 Minuten)

Für die Auswahl der diesem Themenblock zugrunde liegenden Mobbingsituation gibt es zwei mögliche Vorgehensweisen, abhängig von der Klasse und dem Verlauf des vorherigen Rollenspiels aus Termin 7 »Ich hab nix gesehen …!« – Soziale Rollen beim Mobbing.

Option 1: Ausgangssituation knüpft an das Rollenspiel aus Termin 7 an

Bei den Terminen 6 und 7 haben die Schülerinnen und Schüler grob skizzierte Hintergrundinformationen zu einer Mobbing-Rollenaufteilung erhalten und daraus hat sich im Rahmen des Rollenspiels (wahrscheinlich) eine konkrete Mobbingdynamik/Mobbingsituation ergeben, welche vor der »Eskalation« angehalten wurde. Bei dem Termin 7 dient das Rollenspiel dem Kennenlernen, Einordnen und Reflektieren von sozialen Rollen, welche an einem Mobbingprozess beteiligt sind. Es geht an dieser Stelle nicht um die konkrete Handlung/Handlungsauflösung. Falls Sie nun das Gefühl haben, dass die im Rollenspiel entstandene Situation gut als Ausgangspunkt für die Erarbeitung von Lösungswegen dienen kann, dann bietet es sich an dieser Stelle an, im Folgenden daran anzuknüpfen. Falls das Rollenspiel jedoch schon hinsichtlich Handlungsalternativen bearbeitet wurde oder sich bereits spontane Lösungsmöglichkeiten ergeben haben, dann sollte eher an einer neuen Mobbingsituation gearbeitet werden (Option 2).

Option 2: Geschichte zu einer Mobbingsituation austeilen

Falls Sie lieber anhand einer neuen Ausgangssituation Handlungsalternativen erarbeiten möchten, dann bietet es sich an, entweder eine selbst entworfene oder unsere vorgegebene »Mobbing-Geschichte« als Grundlage dieses Fairplayer.Manual-Schrittes zu verwenden (die vorgegebene Mobbinggeschichte finden Sie im Downloadbereich). Wir empfehlen mit der ganzen Klasse dasselbe Beispiel zu bearbeiten, da Sie so im Plenum eine gemeinsame kurze Situationsanalyse durchführen können, um sicherzugehen, dass alle die Situation richtig verstanden haben und man zudem verschiedene Handlungsoptionen für ein und dieselbe Situation zur Diskussion stellen kann. Falls es einen zurückliegenden Mobbingvorfall in Ihrer Klasse oder Parallelklasse gibt, dann können Sie diesen oder einen anderen Mobbingvorfall, welcher die Schülerinnen und Schüler in irgendeiner Form betrifft oder betraf, an dieser Stelle des Programms jetzt auch als Grundlage für

---

Alternatives Mobbingszenario

Lisa beobachtet auf dem Schulhof, wie zwei ältere Schüler ihrem Klassenkameraden Tim den Turnbeutel wegnehmen. Lachend werfen sie sich den Turnbeutel wie einen Ball zu, während Tim hin- und herläuft, um seinen Turnbeutel wiederzubekommen. Einer der älteren Jungs macht den Turnbeutel auf und nimmt Tims T-Shirt, seine Sporthose und die Turnschuhe aus dem Beutel, riecht daran und wirft die Sachen nacheinander angeekelt auf den Boden. „Tim du Stinktier, hast du keine Waschmaschine zu Hause?" Der andere Junge hält Tim fest umklammert.

Lisa überlegt kurz, ob sie die Situation einfach ignorieren soll. Allerdings tut ihr Tim sehr Leid, weswegen sie sich dazu entscheidet irgendwie zu helfen. Was kann Lisa tun?

V 8.1 beispielhaftes Mobbingszenario

diesen Termin nehmen. Dies hat den Vorteil, dass sich die Kinder besser in die Situation hineinfühlen können und man so leichter Schwierigkeiten verschiedener Handlungsvorschläge identifizieren und diskutieren kann. Bei dieser Vorgehensweise ist besonderes Fingerspitzengefühl gefragt, da eventuell einige Kinder persönlich betroffen sind/waren. Hier wäre es sinnvoll, falls Sie dies ressourcenbedingt ermöglichen können, eine persönliche Sprechstunde anzubieten, falls es noch Gesprächsbedarf im Einzelnen gibt.

Zusammenfassen und Analysieren der Ausgangssituation

Wenn Sie sich für eine Ausgangssituation entschieden haben, fragen Sie ins Plenum, ob jemand die »kritische« Situation, mit welcher das Rollenspiel in der letzten Stunde geendet hatte, noch einmal zusammenfassen kann (Option 1) oder teilen Sie die Geschichte mit dem Mobbingbeispiel aus und fragen Sie nach einer kurzen Lesezeit nach dem Kernproblem der Situation (Option 2). Erfahrungsgemäß ist es besonders bei jüngeren Kindern wichtig, die Ausgangssituation noch einmal zu resümieren, damit die Kinder genau wissen, wie Sie konkret weiterarbeiten sollen und alle auf dem gleichen »Wissensstand« sind. Eventuell haben die Kinder ganz unterschiedliche Sichtweisen hinsichtlich der Definition der Kernproblematik.

Hilfreiche Fragen:
– *»Was ist das Problem?«*
– *»Warum ist das ein Problem?«*
– *»Welche Rollen könnt ihr in der Mobbingsituation identifizieren?«*

Die Kinder sollen sich anschließend die Situation und die Antworten auf die zuvor gestellten Fragen kurz aufschreiben.

B2) Gruppenarbeit: Alternative Handlungsideen entwickeln (25 Minuten):

s. Downloadbereich A2 Methoden der Gruppeneinteilung

① Teilen Sie die Klasse in Gruppen von 5 bis 6 Kindern ein.

② Bitten Sie nun die Gruppen, sich zu überlegen, wie man in einer solchen Situation hätte helfen können. Die Kinder sollen diskutieren, welche Handlungsalternativen bzw. guten Lösungswege es für ihre Situation geben könnte und was man in der Situation an Informationen/Ressourcen gebraucht hätte, um die Lösung konkret umzusetzen. Weisen Sie Ihre Schülerinnen und Schüler auch ruhig darauf hin, dass die Lösungen durchaus sehr kreativ und vielleicht auf den ersten Blick auch eher abwegig sein dürfen. Dies sollen sie wiederum auf dem Blatt unter der Situationsbeschreibung notieren.

③ Erfahrungsgemäß fällt es den Kindern schwer, komplexe und kreative Lösungsmöglichkeiten abseits der »Standard-Lösung« (»Ich sage einem Lehrer Bescheid«) zu generieren. Aus diesem Grund sollten Sie auch hier wieder von Gruppe zu Gruppe gehen und den Schülerinnen und Schülern helfen, falls sie nicht weiterkommen.

④ Um den Kindern den Blick für kreative und zunächst etwas abwegige Lösungswege zu erleichtern, empfiehlt es sich an diesem Punkt der Lösungssuche, einen kleinen Input mit Hilfe eines kurzen Films (1 Minute) zu geben, den man gemeinsam mit der Klasse analysiert. Starten Sie einen der beiden Filme der Friends-Initiative und halten Sie den Film kurz vor der Lösung (z. B. beim Film »rothaariger Junge« bei Sekunde 24) an und fragen Ihre Schülerinnen und Schüler, was nun ihrer Meinung nach passieren könnte. Nachdem einige Ideen geäußert wurden, zeigen Sie den Film erneut, diesmal bis zum Ende.

⑤ Arbeiten Sie den kurzen Film mit ihren Schülern z. B. mit Hilfe folgender Fragen auf:
– *Was ist im Film passiert, warum wurde der Schüler gehänselt?*

V 8.2 Filme Links u. Beschreibung

– *Wer war alles an der Situation beteiligt?*
– *Warum glaubt ihr, hat der Helfer eingegriffen?*
– *Wie wurde geholfen?*
– *Waren der Helfer und die gemobbte Person Freunde?*
– *Haben die gemobbte Person und der Helfer miteinander gesprochen?*
– *Waren die gemobbte Person und der Helfer im gleichen Alter oder aus der gleichen Klasse?*
– *Glaubt ihr, sowas könnte klappen oder passiert das nur im Film?*

⑥ Nach diesem neuen Input entlassen Sie die Kinder wieder in ihre Kleingruppen mit dem Auftrag, ihre Lösung eventuell noch um weitere Lösungsvorschläge zu ergänzen. Es ist auch möglich, die alte Lösung zu verwerfen und eine neu entstandene Idee zu notieren. Es gibt viele Möglichkeiten, in eine Mobbingsituation einzugreifen. Den Schülerinnen und Schülern ist häufig nicht bewusst, dass es auch noch andere Möglichkeiten gibt als direkt einem Erwachsenen Bescheid zu geben.

B3) Gruppenarbeit: Rollenspiel entwerfen (35 Minuten)

① Nachdem nun jede Gruppe Lösungsvorschläge für die Situation formuliert hat, soll sich jede Gruppe auf je eine Lösung einigen und kurz ihre Gründe dafür notieren.

② Anschließend geht es darum, eine Art Drehbuch zu entwerfen, wie man die erarbeitete Lösung als kleine Rollenspielszene dem Rest der Klasse vorspielen könnte. Hierbei ist wichtig, dass jeder aus der Gruppe eine Rolle in der Szene übernimmt.

③ Die Kleingruppen sitzen nun zusammen und ent-

wickeln zu ihrer erarbeiteten Lösungsmöglichkeit eine kleine Rollenspielszene. Das »Drehbuch« hierfür sollen sie auf dem Blatt oder ggf. einem zweiten Blatt festhalten, weil die Rollenspiele dann erst beim nächsten Fairplayer.Manual-Termin gespielt werden. Deshalb ist es zudem wichtig, dass jede Gruppe, bevor die Feedbackrunde beginnt, die Namen ihrer Gruppenmitglieder auf den jeweiligen Blättern vermerkt. Sie sollten die Zettel anschließend einsammeln, um sie dann zum nächsten Termin wieder mitzubringen.

C) Feedbackrunde (5–10 Minuten)

Am Ende der Stunde erhalten die Kinder wieder die Möglichkeit, mit Hilfe der Ampelkarten ein kurzes Statement abzugeben, wie ihnen die heutige Stunde gefallen hat. Dabei können die Schülerinnen und Schüler auch darauf eingehen, was ihnen besonders gut gefallen hat und was ihnen weniger gefallen hat.

Fragen Sie die Klasse nach der Feedbackrunde, was aus ihrer Sicht heute, bezogen auf die Gruppenregeln aus Termin 1, besonders gut lief und lassen Sie ein paar Schülerinnen und Schüler zu Wort kommen. »Was lief heute insgesamt gut, und/oder ist euch eine Mitschülerin/ein Mitschüler besonders positiv aufgefallen?« Auch Sie selbst dürfen hier gern die ganze Klasse oder auch einzelne Kinder positiv hervorheben.

5.9 Termin 9: »Was kann ich tun?« – Handlungsalternativen (Teil 2)

KURZÜBERBLICK TERMIN 9

Gliederung			
A		Ampelkartenrunde	5–10 Minuten
B	1	Anknüpfen an den letzten Termin	15 Minuten
	2	Rollenspielsequenzen vorspielen (ggf. filmen)	55 Minuten
C		Feedbackrunde	5–10 Minuten

Materialien
- Ampelkarten (s. Downloadbereich)
- Blätter mit den Ergebnissen der Gruppenarbeit (aus Termin 8) mitbringen
- Flipchart/Pappe für die Sammlung der Lösungsmöglichkeiten
- Rote Stoppkarten für die Rollenspiele
- ggf. Kamera zum Filmen der Rollenspiele
- ggf. Requisiten

Ziele
- Transfer auf eigene Lebenssituation
- Handlungsmöglichkeiten kennenlernen und erleben
- Perspektivenübernahme und Empathie verbessern

A) Ampelkartenrunde (5–10 Minuten)

Den Anfang der Stunde bildet die Ampelkartenrunde, wobei jedes Kind mit Hilfe der Ampelkarten seine Stimmung verbalisiert. Zudem kann freiwillig geäußert werden, warum man in der jeweiligen Stimmung ist.

Im Anschluss an die Ampelkartenrunde erfolgt wieder der kurze Rückblick, in Form von zwei bis drei Sätzen, auf die letzte Fairplayer.Manual-Stunde.

B1) Anknüpfen an den letzten Termin (15 Minuten)

① Nach der Ampelkartenrunde bitten Sie die Schülerinnen und Schüler, sich wieder in den Gruppen aus der letzten Woche zusammenzufinden. Teilen Sie anschließend jeder Gruppe ihren Zettel aus, auf denen die zugrunde liegende Situation, der Lösungsansatz und ein Drehbuch für eine kurze Rollenspielszene zu finden ist. Jede Kleingruppe soll nun nochmal ihr Drehbuch vom letzten Fairplayer.Manual-Termin durchgehen und sich Gedanken dazu machen, wie man dieses konkret in einem Rollenspiel umsetzen könnte. Die Kinder dürfen auch gern noch Kleinigkeiten verändern oder ergänzen. Hierfür sollten Sie maximal 15 Minuten einräumen, um

> Material: Blätter mit den Ergebnissen der Gruppenarbeit (aus Termin 8)

nicht später in Zeitdruck zu geraten, da Schritt B2 recht umfangreich ist.

② Fragen Sie anschließend, welche Gruppe beginnen möchte, ihr Rollenspiel vorzuführen. Sollte es keine Freiwilligen geben, losen Sie die Reihenfolge aus. So vermeiden Sie Unmut, wenn Sie als Durchführender bestimmen, welche Gruppe beginnen soll.

③ Bereiten Sie den Klassenraum nun so vor, dass die schauspielernden Kinder Platz für das Rollenspiel und alle Zuschauer eine möglichst gute Sicht haben. Wenn Sie Requisiten bereitgestellt haben, weisen Sie die Kinder

> Material: ggf. Requisiten für das Rollenspiel

darauf hin, dass sie sich für ihre Szene daraus bedienen können. Alternativ können die Schülerinnen und

Schüler auch eigene Requisiten verwenden (z. B. Handy, Mütze, Wasserflasche, etc.).

④ Wenn Sie die Rollenspielszenen filmen wollen, sollten Sie Ihre Klasse zunächst fragen, ob dies für sie in Ordnung ist und ihnen erläutern, dass den Film kein anderer außer der Klasse und Ihnen sehen wird. Sie können entweder selbst filmen oder einen vertrauenswürdige/n Schüler/in bitten, die Szenen zu filmen und dabei auf das Equipment zu achten. Bitte verwenden Sie hier auch wieder Ihr eigenes technisches Equipment und auf keinen Fall ein Handy eines Schülers.

Material: Kamera

B2) Rollenspielsequenzen vorspielen (55 Minuten)

① Verteilen Sie die nicht spielenden Gruppen im Zuschauerraum und bitten Sie diese, aufmerksam auf die gleich folgende Rollenspielszene zu achten, da im Anschluss noch über das Rollenspiel diskutiert werden soll. Die erste Rollenspielgruppe darf sich nun positionieren und mit dem Ruf »Und Action!« starten Sie das Schauspiel.

② Nachdem die erste Gruppe das Rollenspiel durchgeführt hat, analysieren Sie es zusammen mit der Zuschauergruppe mit Hilfe folgender Fragen:

- *Welche Rollen gab es in der Szene und wie waren diese verteilt?*
- *Wer hat geholfen?*
- *Wie hat er geholfen?*
- *Habt ihr noch eine Idee, was man noch zusätzlich machen hätte können?*
- *Was sind die Konsequenzen des dargestellten Handelns für alle Beteiligten im Rollenspiel?*
- *Hätte man etwas nicht machen sollen bzw. weglassen können?*
- *Wie könnte man das Problem und die Lösung kurz zusammenfassen, um es/sie auf einem Flipchart zu notieren, um uns in einigen Wochen noch daran erinnern zu können?*

Hängen Sie nun das Flipchart mit der kurz skizzierten »Situation« auf und notieren Sie dort tabellarisch die Gruppen mit ihren jeweiligen Lösungsvorschlägen. Die Kinder können dies währenddessen in ihr Fairplayer.Manual-Heft übertragen.

Material: Flipchart, Stifte

Achten Sie beim Feedback zu den Rollenspielszenen gezielt darauf, dass für die Schauspielerinnen und Schauspieler nicht das Gefühl aufkommt, sie hätten eine schlechte Lösung gefunden oder schlecht gespielt. Dieser Eindruck kann entstehen, wenn sehr viele Ergänzungen oder Verbesserungsvorschläge von den Zuschauern kommen. Weisen Sie die Kinder darauf hin, die Feedbackregeln einzuhalten und ihre Kritik wertschätzend zu äußern. Da solch eine schauspielerische Leistung bei manchen Kindern viel Mut erfordert, ist es besonders hilfreich diese mit positiver Verstärkung und ausreichend Lob zu motivieren.

Am Ende des jeweiligen Rollenspiels wird jede Gruppe mit einem abschließenden Applaus der Zuschauer und dem Ablegen der Requisiten aus ihren Rollen »entlassen«.

③ Wiederholen Sie das Vorgehen bei Punkt I. und II. für alle Rollenspielgruppen. Sollten Sie viele Gruppen haben, können Sie zur Abwechslung und Aktivierung zwischendurch ein kooperatives Gruppenspiel einschieben. Entscheiden Sie dies selbst, je nach Aufmerksamkeit/Verfassung Ihrer Schülerinnen und Schüler. Als Grundsatz gilt: Jede Gruppe sollte die Möglichkeit haben, ihre Szene in Ruhe vorspielen und aufarbeiten zu können. Sollte dies nicht gewährleistet sein, empfehlen wir zwischendurch eine kurze Verschnaufpause oder ein kooperatives Gruppenspiel einzufügen.

s. Downloadbereich A3 Sammlung von Gruppenspielen

④ Am Schluss dieser Fairplayer.Manual-Einheit haben Sie eine Sammlung an (möglichst) verschiedenen Lösungsmöglichkeiten für eine Beispielsituation. Das Flipchartpapier mit den gesammelten Handlungsalternativen und die Filme können Sie auch nach der Durchführung des Fairplayer.Manual-Programms noch einmal mit der Klasse besprechen oder den Vorgang mit weiteren Situationen wiederholen.

C) Feedbackrunde (5–10 Minuten)

Am Ende der Stunde erhalten die Kinder wieder die Möglichkeit, mit Hilfe der Ampelkarten ein kurzes Statement abzugeben, wie ihnen die heutige Stunde gefallen hat. Dabei können die Schülerinnen und Schüler auch darauf eingehen, was ihnen besonders gut gefallen hat und was ihnen weniger gefallen hat.

Fragen Sie die Klasse nach der Feedbackrunde, was aus ihrer Sicht heute, bezogen auf die Gruppenregeln aus Termin 1, besonders gut lief und lassen Sie ein paar Schülerinnen und Schüler zu Wort kommen. »Was lief heute insgesamt gut und/oder ist euch eine Mitschülerin/ ein Mitschüler besonders positiv aufgefallen?« Auch Sie selbst dürfen hier gern die ganze Klasse oder auch einzelne Kinder positiv hervorheben.

5.10 Termin 10: »Unsere Klasse« – Klassenklima

Dieser Termin zielt darauf ab, das Klassenklima gemeinsam zu analysieren und zu verbessern, um das Wohlbefinden der einzelnen Schülerinnen und Schüler in der Klasse zu steigern. Darüber hinaus soll eine positive Identifikation mit der Klasse gefestigt werden, was neben der Förderung von Empathie und Kooperationsverhalten auch zu einer Verbesserung der akademischen Leistung führt (Flook, Repetti u. Ullman, 2005).

Zudem sollen in diesem Termin Probleme und Wünsche der Klasse gemeinsam bearbeitet bzw. auf-gearbeitet werden. Daraus abgeleitet sollen die Schülerinnen und Schüler umsetzbare, realistische Lösungsvorschläge erstellen, wie Probleme konkret gelöst und Wünsche/Anregungen umgesetzt werden können. Ein weiterer zentraler Bestandteil der Stunde ist die Stärken-Runde, bei welcher sich die Schülerinnen und Schüler gegenseitig Komplimente aufschreiben, was dem Gruppenzusammenhalt und dem Klassenklima äußerst zuträglich ist und den Kindern erfahrungsgemäß viel Freude bereitet.

KURZÜBERBLICK TERMIN 10

Gliederung			
A		Ampelkartenrunde	5–10 Minuten
B	1	Stimmungsbarometer	10–15 Minuten
	2	Klassenklima: Sammlung positiver und negativer Anmerkungen	15 Minuten
	3	Arbeitsblatt »Wünscherunde«	10 Minuten
	4	Diskussion zu Lösungsvorschlägen	10 Minuten
C		Stärken-Übung	20 Minuten
D		Feedbackrunde	5–10 Minuten

Materialien
- Ampelkarten (s. Downloadbereich)
- Klassenraummarkierungen »Gut« und »Schlecht« für das Stimmungsbarometer (s. Downloadbereich)
- ggf. Faden oder Kreppband (um die Pole des Stimmungsbarometers miteinander zu verbinden)
- Karteikarten (rot und grün)
- Klebeband (um den Faden am Boden zu befestigen)
- Arbeitsblatt »Wünscherunde« (s. Downloadbereich)
- Blätter (alternativ Karton-Teller) und Stifte für die Übung »Komplimentenrunde«
- Einladungsschreiben für den Elternabend

Ziele
- Wohlbefinden und Zusammenhalt in der Klasse steigern
- Verbesserung der Arbeitsmotivation und der Interaktionsmuster
- Positive Identifikation mit der Klasse
- Problemidentifikation und Diskussion von Lösungsvorschlägen

A) Ampelkartenrunde (5–10 Minuten):

Beginnen Sie die Stunde erneut mit einer gemeinsamen Ampelkartenrunde. Im Anschluss an die Ampelkartenrunde erfolgt wieder der kurze Rückblick in Form von zwei bis drei Sätzen auf die letzte Fairplayer.Manual-Stunde. Es empfiehlt sich die Ampelkartenrunde getrennt von dem darauf folgenden Stimmungsbarometer durchzuführen und dies nicht miteinander zu kombinieren.

Bei der Ampelkartenrunde geht es darum, wie es den Schülerinnen und Schülern aktuell geht, und bei dem Stimmungsbarometer soll das generelle Wohlbefinden in der Klasse erfragt werden, unabhängig von der jeweiligen Tagesform.

B 1) Stimmungsbarometer (10–15 Minuten):

<table>
<tr><td>Material: Klebeband</td></tr>
</table>

Im Anschluss an die Ampelkartenrunde soll im Klassenraum, ähnlich wie beim Mobbingbarometer, ein »Stimmungsbarometer« aufgebaut werden, welches Abstufungen zwischen den Polen »gut« und »schlecht« zulässt. Hierzu befestigen Sie die im Materialiensatz befindlichen Markierungen (Blätter mit »gut« und »schlecht«) auf dem Boden. Wenn Sie es als hilfreich empfinden, können Sie die Markierungen mit Kreppband oder einem roten Faden miteinander verbinden um das »Barometer« sichtbarer zu gestalten.

V 10.1
Stimmungs-
barometer –
Markierungen

Die Schülerinnen und Schüler haben nun die Möglichkeit, sich so auf dem Barometer zu positionieren, dass ihre Position möglichst treffend widerspiegelt, wie sie sich generell in der Klasse fühlen, unabhängig vom (tages-)aktuellen Wohlbefinden. An dieser Stelle ist es hilfreich, wenn sich zu Beginn der Übung nicht alle Klassenmitglieder auf einmal positionieren. Lassen Sie sich die Kinder hintereinander in Kleingruppen (nach Bankreihen oder Gruppentischen aufgeteilt) auf dem Barometer positionieren, sodass keine Stellungnahme eines einzelnen untergeht. Wenn die Schülerinnen und Schüler auf dem Barometer ihren Platz gefunden haben, können Sie den Kindern die Möglichkeit geben, ihre Position und die hierfür zugrunde liegenden Beweggründe zu erläutern. Achten Sie hier wieder auf das Prinzip der Freiwilligkeit. Niemand soll sich gezwungen fühlen, sich auf dem Barometer positionieren zu müssen oder seine Position zu erklären. Erfahrungsgemäß nutzen die Kinder diese Möglichkeit aber häufig, um ggf. ihr Unwohlsein in der Klasse auszudrücken. Die Übung wird mit den jeweils nächsten Kleingruppen wiederholt bis die letzte Gruppe an der Reihe war. Wenn Sie möchten, können sich am Ende der Übung alle Klassenmitglieder zeitgleich aufstellen, um einen Gesamteindruck des Klassenklimas zu erhalten.

Alternativ: Wenn Sie das Gefühl haben, dass sich manche Kinder nicht trauen, sich ehrlich auf dem Barometer zu positionieren, können Sie die Übung auch anonym in Einzelarbeit mit einem Arbeitsblatt durchführen.

B 2) Klassenklima: Sammlung positiver und negativer Anmerkungen (15 Minuten):

Im Anschluss erhält jede Schülerin und jeder Schüler je eine rote und eine grüne Karteikarte/Moderationskarte, auf welche sie in Einzelarbeit notieren sollen, was in der Klasse bereits gut läuft (grüne Karte) und

<table>
<tr><td>Material: rote und grüne Karteikarten</td></tr>
</table>

was sie besonders stört bzw. womit sie in der Klasse unzufrieden sind (rote Karte).

Geben Sie den Kindern noch den Hinweis, dass sie ihre Anmerkungen aus der Ich-Perspektive formulieren sowie an niemanden persönlich adressieren und daher keine Namen nennen sollen. Wer möchte, kann nach der Bearbeitungszeit seine Ergebnisse im Plenum vorstellen. Sammeln Sie die Anmerkungen der Kinder an der Tafel.

B3) Arbeitsblatt »Wünscherunde« (10 Minuten):

Nachdem Sie nun positive und negative Anmerkungen zum Miteinander in der Klasse gesammelt haben, sollen sich die Kinder mit Hilfe des Arbeitsblattes »Wünscherunde« Gedanken darüber machen, was sie sich konkret von der Klasse wünschen würden bzw. was sich konkret ändern müsste, damit möglichst viele der roten Karteikarten (negativen Anmerkungen) verschwinden würden. Zudem sollen die Kinder aber auch überlegen, welche der positiv angemerkten Dinge unbedingt beibehalten oder sogar noch mehr gemacht werden sollen. Sie können die Arbeitsphase wie folgt anleiten:

💬 *»Wie ihr seht, gibt es hier einige Unterschiede zwischen den roten und grünen Karteikarten. Wir schauen jetzt mal, was sich eurer Meinung nach ganz konkret in unserer Klasse ändern muss, sodass wir möglichst viele rote Karten wegbekommen können. Dazu machen wir eine ›Wünscherunde‹. Jeder erhält jetzt ein Blatt und schreibt auf, was er oder sie sich für das zukünftige Zusammensein in der Klasse wünscht. Ihr könnt zudem auch aufschreiben, welche positiven Dinge beibehalten werden sollen. Danach gehen wir der Reihe nach eure Wünsche zur Veränderung und Beibehaltung durch. Da ihr das zukünftige Beisammensein in der Klasse nur ändern könnt, wenn sich jeder etwas zu den Wünschen überlegt und den anderen mitteilt, wäre es sehr schön, wenn ihr alle mitmacht. Aber es muss auch keiner seine Wünsche laut äußern, wenn er/sie das nicht möchte.«*

Geben Sie den Kindern zudem noch den Hinweis, dass die Wünsche und Lösungsvorschläge möglichst konkret und realisierbar sein sollen. Es geht nicht darum, dass sie sich beispielsweise den Verzicht auf Hausaufgaben und längere Schulhofpausen wünschen.

V 10.2 AB
Wünscherunde

B4) Diskussion zu Lösungsvorschlägen (10 Minuten):

Lassen Sie die Kinder nun ihre Wünsche vorstellen und sammeln Sie diese an der Tafel.

Leiten Sie daraufhin die Diskussion über Lösungsvorschläge ein. Wie können die Wünsche der Kinder möglichst realisierbar umgesetzt werden? Sie können sich dabei an den folgenden Fragen orientieren:

– *Was muss sich jetzt konkret ändern?*
– *Denkt ihr, das ist machbar?*
– *Was könnte schwierig werden und warum?*
– *Was ist euch davon besonders wichtig?*

Sie können mit den Kindern gemeinsam diskutieren, welche Wünsche Priorität haben bzw. mehrfach geäußert wurden sowie welche der dazugehörigen Lösungsvorschläge realistisch und in den schulischen Rahmenbedingungen umsetzbar sind.

> **Tipp zur Nachhaltigkeit:** Wenn es optimal verläuft, sind unter den Ideen auch langfristige Lösungsvorschläge, wie die Planung gemeinsamer Aktivitäten, welche sie in den nächsten Wochen weiter verfolgen können. Hierfür würde sich nach der Durchführung von Fairplayer.Manual eine wöchentliche Klassenrats-Stunde anbieten, in welcher Sie die Stimmung der Gruppe und die Planung möglicher Aktivitäten kontinuierlich weiter besprechen können. Dies stärkt auch auf lange Sicht das Klassenklima und steigert das Wohlbefinden in der Gruppe, da die Kinder die Möglichkeit sehen, Probleme anzusprechen und aktiv an der Gestaltung der Klassenaktivitäten teilzuhaben.

C) Stärken-Übung (20 Minuten):

In dieser Übung geht es darum, sich gegenseitig Komplimente zu machen und den Fokus auf Dinge zu richten, die andere gut können und die man am Anderen mag bzw. bewundert (Stärken). Diese Übung dient zur Stärkung des Selbstbewusstseins der Schülerinnen und Schüler und führt bei richtiger Durchführung zu einer Atmosphäre gegenseitiger Wertschätzung in der Klasse. Deswegen ist es wichtig, während der Übung darauf zu achten, dass sich die Kinder keine Beleidigungen oder Schwächen auf die Zettel schreiben, weil sonst das eigentliche Ziel der Übung verfehlt wird.

Material: Blätter bzw. Papp-Teller und Stifte

Es gibt zwei Varianten die Übung durchzuführen, abhängig davon, wie viel Platz Sie im Raum zur Verfügung haben und wie gut sich die Schülerinnen und Schüler mit Hilfe Ihrer Anweisung organisieren können.

Variante I: Durchführung im Stehen mit einem rotierenden Außen- und Innenkreis (in Anlehnung an die Bundeszentrale für politische Bildung – Methodendatenbank)

① Zunächst bitten Sie alle Schülerinnen und Schüler, sich ein Blatt Papier oder einen Papp-Teller (A4 oder A5) und einen (Filz-)Stift zu holen. Auf dem Blatt Papier sollen sie oben links ihren Namen notieren.

② Anschließend sollen die Kinder die Blätter und Stifte mitnehmen und stehend zwei Kreise bilden – einen Innenkreis und einen Außenkreis. In beiden Kreisen sollen gleich viele Personen stehen, sodass sich je zwei Kinder genau gegenüber stehen. Falls Sie eine ungerade Anzahl an Schülern haben, steht anfangs ein/e Schüler/in alleine, hat also kein Gegenüber im Außen- oder Innenkreis. Erklären Sie jedoch gleich, dass sich dies bald ändern wird und er/sie nicht alleine bleibt.

③ Nun geben Sie jedem Kind ein Stück Klebeband und geben den Kindern den Auftrag, sich gegenseitig das Blatt mit ihrem Namen auf den Rücken zu kleben, sodass anschließend jeder sein Blatt mit seinem Namen auf dem Rücken kleben hat.

④ Somit sind die Vorbereitungen abgeschlossen und die Übung kann beginnen. Die Schülerinnen und Schüler aus dem Innenkreis bekommen nun die Aufgabe, ihrem Gegenüber aus dem Außenkreis leise und ohne sich auszutauschen eine Stärke auf das Blatt am Rücken zu schreiben. Also etwas, was die-/derjenige gut kann, was man an ihr/ihm mag/gefällt etc. Ist dies geschehen, soll der Außenkreis dasselbe mit dem jeweiligen Gegenüber im Innenkreis tun. Jede/r Schüler/in hat also nach einem ersten Durchgang eine persönliche Stärke auf ihrem/seinem Zettel auf dem Rücken stehen.

⑤ Daraufhin rückt der Außenkreis im Uhrzeigersinn, ähnlich einem Zahnrad, einen Platz weiter und das Spiel beginnt von vorne. Wiederholen sie diese Prozedur mindestens sechs- bis achtmal (variiert nach Anzahl der Schülerinnen und Schüler in der Gruppe), sodass am Ende jedes Kind sechs bis acht Stärken auf seinem Blatt stehen hat. Eine komplette Runde mit einer großen Klasse ist häufig aus zeitlichen Gründen nicht möglich, wäre jedoch rein inhaltlich natürlich wünschenswert.

Wichtig ist hier zudem, dass Sie die Schülerinnen und Schüler instruieren, dass keine Stärke doppelt auf einem Blatt stehen soll. Die Schülerinnen und Schüler sollen sich mit ihrem Gegenüber ernsthaft auseinandersetzen und sich genau überlegen, was sie zusätzlich zu den/r bereits auf dem Zettel stehenden Stärke/n an ihrem Gegenüber schätzen.

Durchführung der Komplimentenrunde mit einem Außen- und einem Innenkreis:

Abbildungen 20 und 21: Durchführung der Komplimentenrunde

⑥ Abschließend sollen alle wieder im Stuhlkreis Platz nehmen und dürfen das Blatt von ihrem Rücken nehmen. Geben Sie ihren Schülerinnen und Schülern ruhig etwas Zeit, um sich anzusehen, was auf ihren Zetteln steht. Die Anerkennung Gleichaltriger tut in der Regel jedem Menschen gut.

> **Tipp:** Falls sich Ihre Schüler/innen eine Art Arbeitsordner oder Aufgabenheft angelegt haben, welches sie regelmäßig in der Schule nutzen, können Sie an diesem Punkt vorschlagen, das »Stärken-Blatt« dort auf Seite Eins bzw. auf der Innenseite des Ordners einzukleben. So geht das Ergebnis der Übung nicht verloren und die Kinder werden regelmäßig an ihre Stärken erinnert.

Variante II: Durchführung am Sitzplatz
① Jedes Kind soll sich nun ein leeres Blatt, auf dem es seinen Namen notiert, und einen Stift nehmen. Dieses Blatt reicht danach jeder an seinen rechten Sitznachbarn weiter, sodass nun jedes Kind ein leeres Blatt mit dem Namen eines Mitschüler oder einer Mitschülerin vor sich hat.
② Für diese Person soll man sich nun ein Kompliment überlegen, unabhängig davon, ob es sich dabei um eine Person handelt, mit der man eher viel oder wenig Kontakt hat.
③ Wenn alle Kinder ein Kompliment notiert haben, wird das Blatt wieder eine Position nach rechts weitergereicht und der Vorgang wiederholt sich. Sie können selbst entscheiden, wie viele Durchgänge Sie für angemessen halten, da Sie bei dieser Variante mehr Zeit zur Verfügung haben.

Häufig fällt es gerade jüngeren Kindern schwer, ihren Mitschülerinnen und -schülern ein Kompliment zu machen, vor allem wenn es sich dabei um nicht eng vertraute Personen handelt. Zudem ist es den Schülerinnen und Schülern teilweise peinlich, Personen des anderen Geschlechts ein Kompliment zu machen. Insistieren Sie trotzdem darauf, dass sich jeder ein Kompliment überlegen *muss*, da die Übung sonst ins Gegenteil umschlagen kann. Wenn sich die Kinder lautstark dazu äußern, dass ihnen zu einer bestimmten Person kein Kompliment einfällt, dann kann dies für den Betroffenen sehr verletzend sein. Sie können den Kindern auch einige Beispiele vorgeben, da sich Komplimente auf ganz unterschiedliche Bereiche beziehen können, z. B.:
– *»Du hast einen schönen Pullover an.«*
– *»Ich mag deine Haarfarbe.«*
– *»Du bist gut in Mathe.«*
– *»Du hast eine schöne Schrift.«* …
– …

Viel zu oft passiert es im alltäglichen Unterrichtsgeschehen, dass der Fokus auf negativen Dingen (»Mach das nicht, mach jenes nicht«, »sei endlich still« etc.) liegt. Diesem Umstand soll mit der Stärken-Runde entgegengewirkt werden, indem man den Fokus auf positive Dinge und Stärken legt. Es wäre natürlich sehr wünschenswert, diese Einstellung auch auf andere Unterrichtseinheiten und Situationen außerhalb von Fairplayer.Manual zu übertragen.

D) Feedbackrunde (5–10 Minuten):

Beenden Sie die Stunde wieder mit der Feedbackrunde, bei der die Kinder die Möglichkeit erhalten, mit Hilfe der Ampelkarten ein kurzes Statement abzugeben, wie ihnen die heutige Stunde gefallen hat.

Fragen Sie die Klasse nach der Feedbackrunde, was aus ihrer Sicht, bezogen auf die Gruppenregeln aus Termin 2, besonders gut lief und lassen Sie ein paar Schülerinnen und Schüler zu Wort kommen. »Was lief heute insgesamt gut und/oder ist euch eine Mitschülerin/ein Mitschüler besonders positiv aufgefallen?«

Auch Sie selbst dürfen hier gern die ganze Klasse oder auch einzelne Schüler positiv hervorheben.

> **Hinweis:** An dieser Stelle möchten wir Sie daran erinnern, dass Sie den Kindern rechtzeitig ein Einladungsschreiben für den Abschlusselternabend mitgeben. Erfahrungsgemäß benötigen die Kinder etwas mehr Zeit, um ihre Rückmeldung einzuholen.

5.11 Termin 11: »Das ist mal wieder typisch!«

Zwischen den Geschlechtern gibt es ab einem bestimmten Alter zunehmend Situationen, die sich negativ auf das Klassenklima auswirken können. Sie werden vermutlich schon beobachtet haben, wie stereotype Verhaltensweisen zu Spannungen zwischen den Kindern führten. Bei den Jungen heißt es dann häufig: »Nervige und zickige Mädchen!« und bei den Mädchen sind es »die blöden Jungs«.

Diese Situationen können Sie in diesem Schritt mit den Kindern in Ihrer Klasse thematisieren. Der offenere Umgang mit Gemeinsamkeiten, Unterschieden und vermeintlichen Unterschieden der Geschlechter (Stereotypen) führt dazu, dass die Kinder wesentlich entspannter miteinander umgehen und Vorurteile hinterfragt und abgebaut werden.

Zudem sollen die Kinder lernen, ihre Meinung angemessen und respektvoll zu äußern und anderen Personen Wertschätzung entgegen zu bringen. Dabei sollen Empathie sowie die kognitive Perspektivenübernahme der Kinder gefördert werden.

Es gibt nicht nur Mädchen und Jungen!

Wir sind uns bewusst, dass es nicht nur zwei Geschlechter bzw. viele unterschiedliche Lebensweisen gibt, die über die Begriffe Frau und Mann bzw. Mädchen und Jungen hinaus gehen. Nichtsdestotrotz beginnen wir diesen Termin in B1 mit dieser altmodisch anmutenden Trennung der Geschlechter in Mädchen und Jungen. Dies mag zunächst befremdlich wirken und den Eindruck entstehen lassen, dass wir die Kinder hier gern in Schubladen stecken wollen. Wenn Sie diesen Termin jedoch praktisch durchführen, werden Sie schnell merken, dass das Ergebnis (bei einer sensiblen Durchführung) das genaue Gegenteil der eventuellen anfänglichen Befürchtungen ist: Geschlechterrollen und vermeintliche Stereotypen werden aufgearbeitet, hinterfragt, diskutiert und aufgebrochen. Eventuell gibt es vielleicht Schülerinnen und Schüler, die diesen Termin als Möglichkeit wahrnehmen, Dinge, die sie anders empfinden oder, dass sie sich weder als Mädchen noch als Junge fühlen, zur Sprache zu bringen.

In unseren Fortbildungen, vor der praktischen Durchführung, ist dieser Termin der am stärksten diskutierte und teilweise auch kritisierte Teil des Fairplayer.Manuals. Gleichzeitig kriegen wir zu diesem Termin während und nach der Durchführung aber auch sehr viel positives Feedback, oft von Personen, die diesem Termin anfänglich sehr skeptisch gegenüberstanden. Aus diesem Grund haben wir uns entschieden, diesen Termin auch so in dieser Neuauflage des Fairplayer.Manuals zu belassen, mit dem Hinweis, dass durch die Gruppenarbeit und Diskussionen mit den Kindern eben dieses Schubladendenken aufgebrochen werden kann.

Zudem macht dieser Termin den Kindern erfahrungsgemäß viel Spaß, auch wenn sie sich vielleicht zu Beginn nicht gleich begeistert zeigen.

KURZÜBERBLICK TERMIN 11

Gliederung			
A		Abgewandelte Ampelkartenrunde	15 Minuten
B	1	Gruppenarbeit »Das ist mal wieder typisch!«	50 Minuten
	2	Übung »Einsame Insel«	15 Minuten
C		Feedbackrunde	5–10 Minuten

Materialien
– Ampelkarten (s. Downloadbereich – Flipchartbögen/große Pappen/Packpapier – Filzstifte

Ziele
– Förderung von Perspektivenübernahme und Empathie – Eigen- und Fremdwahrnehmung fördern – Wertschätzung der Meinungen Anderer – Förderung eines positiven Klassenklimas

A) Abgewandelte Ampelkartenrunde (15 Minuten)

Die Ampelkartenrunde zu Beginn wird in dieser Stunde um einen weiteren Aspekt ergänzt. Diese Doppelstunde dient dazu, dass die Kinder lernen, sich gegenseitig Wertschätzung entgegenzubringen. Daher ist es die Aufgabe der Schülerinnen und Schüler, neben der Verbalisierung der aktuellen Stimmung mit Hilfe der jeweiligen Ampelkarte, sich einen Charakter (fiktiv oder real) des anderen Geschlechts auszusuchen, den sie bewundern, und ihre Wahl zu begründen. Dabei kann es sich um SchauspielerInnen, SängerInnen, YoutuberInnen, Comicfiguren oder Ähnliches handeln. Es gibt jedoch eine Einschränkung: Es darf keine verwandte Person ausgesucht werden, dies wäre zu einfach. Zudem kann hier das Prinzip der Freiwilligkeit außer Acht gelassen werden, da sich sonst wahrscheinlich zu wenige Kinder äußern werden. Erfahrungsgemäß tun sich einige Kinder anfangs schwer mit dieser Aufgabe, aber meist können sie es doch alle bewältigen und die Schülerinnen und Schüler empfinden es als großen Spaß, trotz eventuellem anfänglichen Unmut über die Aufgabe.

Im Anschluss an die Ampelkartenrunde erfolgt wieder der kurze Rückblick in Form von zwei bis drei Sätzen auf die letzte Fairplayer.Manual-Stunde.

B1) Gruppenarbeit »Das ist mal wieder typisch!« (50 Minuten)

Im nächsten Teil dieser Doppelstunde arbeiten die Kinder in zwei Gruppen, die nach Geschlecht aufgeteilt sind. Wenn Sie in ihrer Klasse erkennen, dass es Kinder gibt, die diffus bezüglich der eigenen geschlechtlichen Orientierung sind, dann können Sie die Aufteilung auch so vornehmen, dass sich die Kinder so in Gruppen zusammenfinden, wie sie sich selbst wohlfühlen – also können die Kinder selbst entscheiden, welcher Gruppe sie sich für die Übung zuordnen möchten. Dies ist unproblematisch, da es hier eher um wertschätzende Kommunikation und das Diskutieren von Geschlechterstereotypen in einer lustigen Art und Weise geht. Nachdem jede Gruppe sich einen Platz zum Arbeiten gesucht hat, wobei hier eine räumliche Trennung von Vorteil ist oder die Gruppen zumindest weit auseinander sitzen sollten, können Sie die Aufgabe erläutern.

Material: Flipchart und Stifte

Beide Gruppen sollen sich in der folgenden halben Stunde überlegen, wie sie das andere Geschlecht erleben. Also welche positiven Eigenschaften haben Mädchen bzw. Jungen, welche Eigenschaften werden als nervig empfunden und was ist besonders typisch für das andere Geschlecht? Dies soll auf einem Flipchart festgehalten werden und später im Laufe der Stunde vorgestellt werden. Falls es für Sie möglich ist, bietet es sich an, dass die Mädchengruppe von einer Lehrerin/Schulsozialarbeiterin und die Jungengruppe von einem Lehrer/Schulsozialarbeiter unterstützt werden. Es ist sehr wichtig, dass darauf geachtet wird, dass sich beide Gruppen in angemessener, respektvoller und wertschätzender Weise über das andere Geschlecht äußern und nicht über die Jungen bzw. Mädchen »herziehen«, daher sollten die beiden Gruppen während des Brainstormings möglichst wenig alleine gelassen werden.

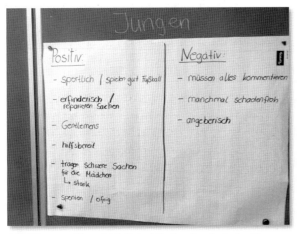 

Abbildungen 22 und 23: Beispielhaftes Ergebnis der Gruppenarbeit einer 5. Klasse

Nachdem die Schülerinnen und Schüler die positiven und nervigen Eigenschaften des anderen Geschlechts gesammelt haben, werden jeweils zwei Kinder aus den Gruppen bestimmt, die die Plakate vorstellen. Das ist häufig ein großer Spaß und meist werden mehr positive als negative Eigenschaften gefunden und sowohl die Jungen als auch die Mädchen fühlen sich geschmeichelt.

Ergänzung: Sollte ihre Klasse besonders schnell mit dem Brainstorming fertig sein, können die beiden Gruppen als Ergänzung ein Rollenspiel vorbereiten, in dem alle gesammelten positiven und nervigen Eigenschaften überzogen dargestellt werden. Das ist jedoch nur ratsam, wenn genügend Zeit vorhanden ist und Ihre Schülerinnen und Schüler Freude an spontanen Rollenspielen haben.

B2) Übung »Einsame Insel« (15 Minuten)

Die letzte Übung dieser Doppelstunde dient dazu, sich darüber Gedanken zu machen, welche Charaktereigenschaften man an anderen Personen schätzt, unabhängig vom Geschlecht. Da es den Großteil der Stunde darum ging, sich mit Geschlechterstereotypen auseinanderzusetzen, soll am Ende der Fokus auf allgemeine Charaktereigenschaften gelenkt werden. Die Aufgabe der Kinder ist es, sich zu überlegen, welche drei Eigenschaften eine Person aufweisen soll, mit der sie auf einer einsamen Insel gestrandet sind. Dazu können Sie folgenden Satz an die Tafel schreiben:

Abbildung 24: Auswertung der Übung »Einsame Insel« mit einer 5. Klasse

»Wenn ich auf einer einsamen Insel mit einer weiteren Person gestrandet wäre, dann sollte die Person unbedingt die folgenden Eigenschaften mitbringen: ...«

Die drei Eigenschaften können sich die Schülerinnen und Schülern auf einem Blatt oder in einem Heft notieren. Die große Schwierigkeit dabei ist es, sich auf drei Eigenschaften zu beschränken. Dies fällt manchen Kindern sehr schwer, dennoch ist es wichtig, das zu üben. Sobald alle Kinder drei Eigenschaften notieren, können diese im Plenum zusammengetragen werden.

Sie können die Stunde wie folgt abschließen:

💬 *»Wir haben in dieser Stunde gesehen, dass Mädchen und Jungen teilweise sehr unterschiedlich sein können und sich wiederum auch sehr ähnlich sein können. Außerdem gibt es bei beiden Geschlechtern viele positive Eigenschaften. Natürlich gibt es Eigenschaften, die uns grundsätzlich bei anderen Menschen wichtig sind und wegen denen wir sie schätzen und mit ihnen befreundet sind. Ruft euch das immer ins Gedächtnis. Versucht doch einmal in Zukunft im Umgang miteinander vermehrt an diese wertvollen Eigenschaften zu denken.«*

C) Feedbackrunde (5–10 Minuten)

Am Ende jeder Stunde erhalten die Kinder die Möglichkeit, mit Hilfe der Ampelkarten ein kurzes Statement abzugeben, wie ihnen die heutige Fairplayer.Manual-Stunde gefallen hat. Dabei können die Schülerinnen und Schüler auch darauf eingehen, was ihnen besonders gut und was ihnen weniger gefallen hat.

Fragen Sie die Klasse nach der Feedbackrunde, was aus ihrer Sicht, bezogen auf die Gruppenregeln aus Termin 2, besonders gut lief und lassen Sie ein paar Schülerinnen und Schüler zu Wort kommen. »Was lief heute insgesamt gut und/oder ist euch eine Mitschülerin/ein Mitschüler besonders positiv aufgefallen?« Auch Sie selbst dürfen hier gern die ganze Klasse oder auch einzelne Schüler positiv hervorheben.

5.12 Termin 12: Rückschau und Vorbereitung des abschließenden Elternabends

In diesem letzten Programmschritt geht es darum, dass die gewonnenen Erkenntnisse aus allen Fairplayer.Manual-Stunden noch einmal ins Gedächtnis gerufen und reflektiert werden. Dies soll neben der Auffrischung des Wissens der Stärkung des Klassenklimas dienen, da die Schülerinnen und Schüler sehen, welche Themen sie in den Fairplayer.Manual-Stunden mit welchen Methoden gemeinsam bearbeitet haben. Zukünftig soll eine regelmäßig durchgeführte Rekapitulation der Themen auf der Einstellungsebene zu einem dauerhaft verbessertem Kommunikations-, Interaktions- und Kooperationsverhalten führen. Neben der Rückschau auf die Fairplayer.Manual-Zeit ist die Vorbereitung eines gemeinsamen Eltern-Schüler-Abends zentraler Bestandteil der Stunde. Der Elternabend soll ein feierlicher Abschluss der intensiven Umsetzungszeit des Fairplayer.Manuals werden, bei dem die Kinder ihren Eltern Übungen und die daraus gewonnenen Erkenntnisse aus ausgewählten Fairplayer.Manual-Stunden demonstrieren können und die Urkunden für die Teilnahme an Fairplayer.Manual in einer offiziellen Form an die Kinder überreicht werden.

E 4 Schülerurkunden zur Verleihung am 2. Elternabend

KURZÜBERBLICK TERMIN 12

Gliederung			
A		Ampelkartenrunde	5–10 Minuten
B	1	Fairplayer-Quiz	20 Minuten
	2	Vorbereitung des Elternabends – Mobbingbarometer – Modellbauer – Allgemeine Hinweise zum Ablauf	45 Minuten
C		Abschlussrunde	15 Minuten

Materialien
- Ampelkarten (s. Downloadbereich)
- Laptop
- Beamer
- an die Klasse adaptierte PowerPoint-Präsentation »Fairplayer-Quiz« (s. Downloadbereich)
- Arbeitsblatt »Mobbingbarometer« (s. Downloadbereich)
- Markierungen für das Mobbingbarometer (s. Downloadbereich)
- Kreppband

Ziele
- Zusammenfassung und Wiederholung der gewonnenen Erkenntnisse
- Stärkung des Klassenklimas und gemeinsame Planung des Elternabends

A) Ampelkartenrunde (5–10 Minuten):

Beginnen Sie die Stunde wieder mit einer gemeinsamen Ampelkartenrunde. Beim heutigen Termin können Sie darauf verzichten, die Inhalte der letzten Fairplayer.Manual-Stunde kurz wiederholen zu lassen, da im Rahmen des darauf folgenden Fairplayer-Quiz eine Rückschau auf alle vergangenen Fairplayer.Manual-Stunden stattfindet.

B 1) Fairplayer-Quiz:

Nach der Ampelkartenrunde soll ein Fairplayer-Quiz mit einer Rückschau auf die vergangenen Fairplayer.Manual-Termine und deren Erkenntnisse erfolgen. Hierfür haben wir Ihnen eine Power-Point-Vorlage erstellt, die Sie in der Materialiensammlung finden und welche Sie für Ihre Klasse »personalisieren« können.

Vorbereitung: Das Fairplayer-Quiz benötigt vorab ein wenig Vorbereitung. Wir haben jedoch versucht, Ihnen mit Vorlagen und Beispielbildern so viel Hilfestellung wie möglich zu geben.

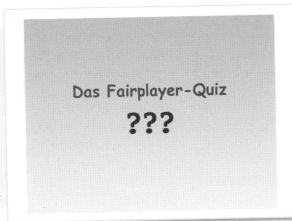

V 12.1
Fairplayer-Quiz

① Zu Beginn dieses Praxisteils haben wir Ihnen den Hinweis gegeben, während der Durchführung einige Fotos von den Schülerinnen und Schülern in Aktion oder von gemeinsam erstellen Plakaten/Tafelbildern zu machen. Diese bieten sich nun an, um sie in die Power-Point-Vorlage einzufügen.
② In der Materialiensammlung finden Sie einmal eine Power-Point-Präsentation »Fairplayer-Quiz mit Beispielbildern«. Hier haben wir ein paar Beispielbilder aus einer eigenen Durchführung eingefügt, damit Sie eine Vorstellung davon bekommen, wie das Fairplayer-Quiz aussehen könnte. Für die Kinder ist es natürlich schöner, wenn sie Bilder von sich selbst oder ihren erarbeiteten Plakaten im Quiz wiederfinden. Wie Sie feststellen werden, ist das Quiz eine Mischung aus einer Rückschau und Quizfragen. Das heißt, es gibt zuerst eine Folie, auf welcher Fotos einer bestimmten Fairplayer.Manual-Stunde eingefügt werden und die Kinder sollen erraten, aus welcher Stunde das Bild stammt und dann versuchen, sich daran zu erinnern, was in der Stunde erarbeitet wurde. Bedenken Sie bei der Auswahl der Bilder, dass diese eindeutig zu einer Fairplayer.Manual-Einheit zuzuordnen sind (z. B. kein Bild einfach nur von den Kindern im Klassenraum oder von Gruppenarbeiten).

Jedoch sollen die Bilder auch nicht zu viel verraten, sonst ist es für die Kinder zu einfach (z. B. kein Bild von dem Plakat, auf dem die Definition für »Zivilcourage« steht, dies wäre zu einfach, da die Kinder einfach ablesen können, aus welcher Stunde das Bild stammt und was sie erarbeitet haben). Sie selbst können sicherlich am besten entscheiden, welcher Schwierigkeitsgrad sich für Ihre Klasse eignet.

Insgesamt sollen die »Rückschau-Folien« nicht chronologisch abgefragt werden, da es nur eine Frage der Zeit ist, wann die Kinder dahinter kommen. In welcher Reihenfolge Sie die Fairplayer.Manual-Einheiten hier wiederholen möchten, ist dabei Ihnen überlassen.
③ Nach der jeweiligen »Rückschau-Folie«, folgt eine Folie mit Quiz-Fragen. Hier werden verschiedene Aussagen eingeblendet, welche entweder wahr oder falsch sind. Es ist gibt dabei immer entweder eine wahre Aussage oder eine falsche Aussage, die von den Kindern identifiziert werden soll. Dies kann beispielsweise so aussehen:

Welche der folgenden Aussagen ist *wahr?*
– »Mobbing stärkt den Charakter, da muss jeder durch!«

- »Jemanden auszugrenzen, das ist kein Mobbing.«
- »Mobbing kann sowohl körperliche als auch verbale Gewalt (wie Beleidigungen) sein.«
- »Jemandem kreative Spitznamen zu geben, finden alle lustig.«

Wenn die Kinder ihre Stimme für eine Aussage abgegeben und dies begründet haben, dann können Sie das Ergebnis aufdecken. In diesem Fall:
- »Mobbing stärkt den Charakter, da muss jeder durch!«   – FALSCH
- »Jemanden Ausgrenzen, ist kein Mobbing.«
                                                   – FALSCH
- »Mobbing kann sowohl körperliche als auch verbale Gewalt (wie Beleidigungen) sein.«   – WAHR
- »Jemandem kreative Spitznamen zu geben, finden alle lustig.«   – FALSCH

④ Sie können gern die Quiz-Fragen aus der Vorlage übernehmen oder sich eigene Quiz-Fragen ausdenken, falls Sie merken, dass noch weitere Inhalte besonders intensiv bearbeitet worden sind und daher Teil des Quiz sein sollten.

Durchführung (20 Minuten): Nun sind Sie bestens für die Durchführung des Fairplayer-Quiz' gerüstet. Fragen Sie ins Plenum, aus welcher Stunde das erste angezeigte Bild stammt und ob die Kinder sich noch daran erinnern können, was in der Stunde behandelt wurde bzw. was sie aus der Stunde mitgenommen haben. Danach folgt eine Folie mit Quiz-Fragen, wobei die Kinder die wahre oder falsche Aussage identifi-

zieren sollen. Decken Sie die Lösung direkt im Anschluss auf.

Es ist ganz natürlich, dass sich die Kinder nicht direkt an alle Fairplayer.Manual-Stunden und die gewonnenen Erkenntnisse erinnern. Hierfür sind insbesondere die Bilder hilfreich und Sie können Ihre Schülerinnen und Schüler auch mit inhaltlichen Hinweisen lenken. Insgesamt eignet sich diese Übung auch sehr gut, um zu überprüfen, welche Themen besonders gut hängen geblieben sind und bei welchen Themen noch Unsicherheiten bestehen. Einzelne Themen können Sie auch nach der eigentlichen Fairplayer-Projektzeit noch einmal in anderen Schulstunden oder im Klassenrat mit den Kindern bearbeiten. Fairplayer.Manual zielt auf eine langfristige Einstellungsänderung ab und profitiert daher sehr von regelmäßigen Auffrischungen. Sie können am besten entscheiden, in welchem Umfang dies in den »normalen« Schulunterricht integriert werden kann.

Alternative zum Fairplayer-Quiz:
Wenn Sie für diesen Teil etwas mehr Zeit einplanen möchten, können Sie die Rückschau auf die Fairplayer.Manual-Zeit auch anders gestalten. Eventuell bietet es sich hier an, in Kooperation mit dem Kunstunterricht zu arbeiten. Sie können mit den Kindern auch eine große Collage zu den jeweiligen Fairplayer.Manual-Stunden erstellen. Hierbei können die Schülerinnen und Schüler ihrer Kreativität freien Lauf lassen und beispielsweise Bilder malen oder aufkleben und in Moderationswolken stichpunktartig die Ergebnisse der Stunde festhalten. Dies kann z. B. so aussehen:

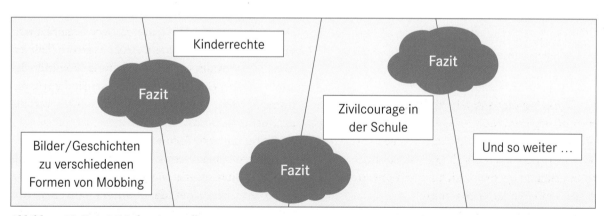

Abbildung 25: Fazit in Moderationswolken

B2) Vorbereitung des Elternabends (45 Minuten):

Der Elternabend soll in Form eines gemeinsamen Eltern-Schüler-Abends oder -Nachmittags stattfinden. Erfahrungsgemäß macht es den Schülerinnen und Schülern viel Spaß, ihren Eltern/Erziehungsberechtigten zu zeigen, was sie während der Fairplayer.Manual-Zeit erlebt und gelernt haben. Wie genau Sie diesen Elternabend gestalten möchten und welche Übung Sie den Eltern zeigen möchten, können Sie selbst entscheiden.

Hierbei gibt es ganz verschiedene kreative Möglichkeiten. Falls Sie vorab viel mit Collagen gearbeitet haben, können Sie diese den Eltern in Form einer Kunstausstellung präsentieren. Oder Sie können in Kooperation mit einem Theaterprojekt den Eltern Auszüge aus »Fairplayer.Manual in 10 Akten« vorspielen. Eine weitere Möglichkeit besteht darin, dass Sie die Klasse in Kleingruppen aufteilen und jede Kleingruppe erhält einen Fairplayer.Manual-Schritt, den sie dann am Elternabend in chronologischer Reihenfolge vorstellen sollen. Hierzu benötigen die Kinder natürlich auch etwas mehr Vorbereitungszeit.

Im Folgenden beschreiben wir eine Möglichkeit, den Elternabend so zu gestalten, dass die Vorbereitung im Rahmen einer Doppelstunde möglich ist und trotzdem viel Information und Spaß bringt:
① Bevor Sie mit den Kindern die Vorbereitung des gemeinsamen Eltern-Schüler-Abends gestalten, bietet es sich an, mit den Kindern alle Formalitäten durchzusprechen, sodass möglichst wenig Fragen offen bleiben.

Wenn Sie den Kindern vorab ein Einladungsschreiben mitgegeben haben, dann fragen Sie noch einmal in die Runde, ob alle Kinder dieses auch zu Hause abgegeben haben und wer schon weiß, wie viele Personen kommen werden. Für Ihre Raumplanung ist es erleichternd, wenn Sie das Einladungsschreiben so gestalten, dass die Eltern ausfüllen, wer am Elternabend teilnehmen kann und wie viele Personen mitkommen. Sammeln Sie die Antworten möglichst vor diesem Schritt wieder ein, damit Sie wissen, mit wem Sie rechnen können.
② Der Elternabend soll wie eine Reise durch die Programmtermine ablaufen und maximal 90 Minuten dauern, da die Kinder sonst unruhig werden. Hierfür liegt ein großer Teil der Vorbereitung bei Ihnen. Sie können die Bilder aus den Fairplayer-Stunden in einer Power-Point-Präsentation zusammenstellen und dann jeweils kurz erzählen, was Sie bei dem jeweiligen Schritt mit den Kindern erarbeitet haben, ähnlich wie beim Fairplayer-Quiz. Bei dem Termin *Zivilcourage in der Schule* können Sie auch gern noch einmal den Film »Zivilcourage mit Macht« zeigen, welcher auch bei den Eltern erfahrungsgemäß gut ankommt.
③ Die Übungen »Mobbingbarometer« und »Modellbauer« können den Eltern sehr gut von den Schülerinnen und Schülern im Rahmen des Elternabends vorgespielt werden.

Mobbingbarometer:

Teilen Sie die Klasse in vier Gruppen ein und geben Sie jeder Gruppe ein Arbeitsblatt Mobbingbarometer 1–4 (befindet sich in der Materialiensammlung im Downloadbereich). Das bedeutet, jede Gruppe erhält ein eigenes Mobbingszenario, wobei die vorbereiteten Mobbingszenarien zum Teil sehr komplex sind und somit zu einer differenzierteren Auseinandersetzung führen. Die vier Mobbingszenarien spiegeln jeweils unterschiedliche Mobbingformen wieder (physisches Mobbing und ggf. Sachbeschädigung: »einem Schüler wird seit mehreren Monaten auf dem Heimweg von der Schule immer wieder in den Rucksack getreten …«, verbales Mobbing: »eine Schülerin erhält den gemeinen Spitznamen: Ute, die dumme Pute …«, relationales Mobbing: »eine Schülerin wird systematisch bei der Planung einer gemeinsamen Klassenfahrt ausgeschlossen …« und ein Beispiel zur Entwendung von Schulsachen: »einer Schülerin mit guten Schulleistungen werden vermehrt Hausaufgabenhefte entwendet/

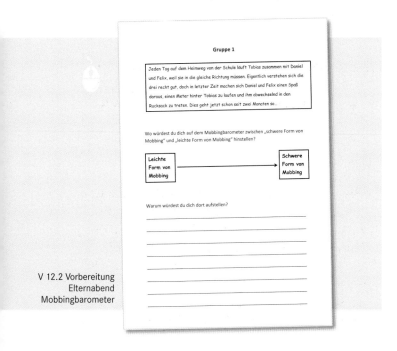

V 12.2 Vorbereitung
Elternabend
Mobbingbarometer

versteckt, sodass sie vor dem Lehrer/der Lehrerin in Bedrängnis gerät ...«).

Geben Sie den Kindern ca. 10 Minuten Zeit, sich das Szenario durchzulesen und sich zu überlegen, wie Sie sich bei dem Mobbingbarometer positionieren würden und warum sie das Szenario so bewerten. Hierfür können die Kinder auf dem Arbeitsblatt ein Kreuz für ihre Position auf einem abgedruckten Mobbingbarometer machen und darunter ihre Gründe notieren. Dieses Arbeitsblatt sollen die Kinder gut aufbewahren und können es auch zum Elternabend als eine Art »Spickzettel« mitbringen. Während die Schülerinnen und Schüler das Arbeitsblatt bearbeiten, können Sie das Mobbingbarometer mit den Markierungen der beiden Pole auf dem Boden befestigen. Proben Sie anschließend die Übung Mobbingbarometer mit den vorbereiteten Beispielen einmal durch.

Beispiel

Zuerst kommt Gruppe 1 nach vorne; das Mobbingszenario wird noch einmal für alle vorgelesen; die Kinder sollen sich nun auf dem Barometer positionieren und wer möchte kann erläutern, warum er/sie sich so aufgestellt hat. Danach setzen sich die Schülerinnen und Schüler wieder hin und Gruppe 2 kommt nach vorne, usw.

Geben Sie den Kindern noch den Hinweis, dass sie die Übung Mobbingbarometer genauso, wie sie es nun geprobt haben, am Elternabend vorführen können. Fragen Sie die Kinder, wer nicht mit nach vorne kommen möchte und wer sich nur positionieren möchte, ohne sich dazu zu äußern. Wichtig ist, dass sich niemand dazu gezwungen fühlt, die Übung vorzuführen. Meist machen die Kinder jedoch mit Begeisterung mit.

Modellbauer:

Wenn Sie noch über genügend Vorbereitungszeit verfügen, dann können Sie zusätzlich die Übung Modellbauer mit den Kindern einstudieren. Falls der Elternabend mit zwei Klassen stattfinden sollte, dann bietet es sich an, dass eine Klasse die Übung Mobbingbarometer und die andere Klasse die Übung Modellbauer vorführt.

Fragen Sie die Schülerinnen und Schüler vorab, wer bei der Übung mitmachen möchte und lassen Sie die Kinder sich in selbstgewählten Paaren zusammenfinden. Bilden Sie nun drei Gruppen, die sich aus je drei bis vier Paaren zusammensetzen. Holen Sie nun die erste Gruppe nach vorne. Die Kinder sollen sich selbst darauf einigen, wer die Künstlerin/der Künstler und wer das Kunstobjekt bei der Übung sein möchte und sich so aufstellen, dass die Paare nebeneinander stehen und die Künstlerin/der Künstler jeweils hinter dem Kunstobjekt. Jedem Paar soll dann eine Basisemotion (Freude, Angst, Wut, Trauer, Ekel, Überraschung) zugeordnet werden. Geben Sie nun den Schülerinnen und Schülern Zeit ihre Emotionspräsentation zu üben. So verfahren sie auch mit den anderen beiden Gruppen.

Geben Sie den Kindern auch hier den Hinweis, dass sie sich ihren Partner, ihre Gruppe und ihre zugeteilte Emotion gut merken, da sie die Übung genau in der Form auch bei dem Elternabend vorführen sollen.

> **Tipp:** Alternativ können Sie die Kinder die Übung »Modellbauer« auch an ihren Eltern durchführen lassen. Dies sorgt erfahrungsgemäß für viel Spaß bei allen Beteiligten.

Bevor Sie die mit der Abschlussrunde beginnen, fragen Sie die Schülerinnen und Schüler noch einmal, ob es Fragen zum Elternabend oder den Übungen gibt.

C) Abschlussrunde (15 Minuten):

Beenden Sie die Stunde mit der Abschlussrunde. Jeder Schüler und jede Schülerin soll sich überlegen, welche Fairplayer.Manual-Stunde ihm oder ihr insgesamt im Rückblick am besten gefallen hat und warum das so ist. Hierbei kann es zum Teil zu überraschenden Erkenntnissen kommen.

Fragen Sie die Klasse nach der Feedbackrunde, was aus ihrer Sicht, bezogen auf die Gruppenregeln aus Termin 1, besonders gut lief und lassen Sie ein paar Schülerinnen und Schüler zu Wort kommen. »Was lief heute insgesamt gut und/oder ist euch eine Mitschülerin/ein Mitschüler besonders positiv aufgefallen?« Auch Sie selbst dürfen hier gern die ganze Klasse oder auch einzelne Schüler positiv hervorheben.

Materialien/Vorlagen
Fairplayer.Manual – Klasse 5–6

Die folgenden Materialien stehen Ihnen im Downloadbereich zur Verfügung:

Anwendungs-kontext	Materialien/Vorlagen
Allgemeines	A 1 Übersicht über die Programmtermine (pdf-Datei)
	A 2 Methoden der Gruppeneinteilung (pdf-Datei)
	A 3 Sammlung von Gruppenspielen (pdf-Datei)
	A 4 Fairplayer-Logo (png-Datei)
Elternarbeit	E 1 Vorlage Elternbrief (Word-Datei)
	E 2 PP-Folien Elternveranstaltung I (ppt-Datei)
	E 3 Handout Elternveranstaltung I (pdf-Datei)
	E 4 Schülerurkunden zur Verleihung am 2. Elternabend (Word-Datei)
Termin 1	V 1.1 Ampelkarten (pdf-Datei)
	V 1.2 AB Was ist ein Fairplayer_eine Fairplayerin? (pdf-Datei)
	V 1.3 Reflektionsblatt (pdf-Datei)
Termin 2	V 2.1 Markierungen Mobbingbarometer (pdf-Datei)
	V 2.2 Checkliste Mobbingbeispiele fürs Mobbingbarometer (pdf-Datei)
	V 2.3 Mobbingszenarien für die Übung Mobbingbarometer (pdf-Datei)
	V 2.4 Hilfsangebote bei Mobbing (pdf-Datei)
Termin 3	V 3.1 Kinderrechte Quiz (ppt-Datei)
	V 3.2 AB In einer idealen Welt (pdf-Datei)
	V 3.3 Die zehn wichtigsten Kinderrechte auf einen Blick (pdf-Datei)
Termin 4	V 4.1 Filme: Links u. Beschreibungen (pdf-Datei)
	V 4.2 AB Was ist Zivilcourage? (pdf-Datei)
Termin 5	V 5.1 Emotionen im Kontext (1) Bildausschnitt (jpg-Datei)
	V 5.2 Emotionen im Kontext (1) Gesamtbild zur Situation berühmte Person wird gesehen (jpg-Datei)
	V 5.3 Emotionen im Kontext (2) Bildausschnitt (jpg-Datei)
	V 5.4 Emotionen im Kontext (2) Gesamtbild zur Situation Anspannung und Hoffnung während eines Fußballspieles (jpg-Datei)
	V 5.5 Emotionen im Kontext (3) Bildausschnitt (jpg-Datei)
	V 5.6 Emotionen im Kontext (3) Gesamtbild zur Situation Jubel (jpg-Datei)
	V 5.7 Emotionen im Kontext (4) Bildausschnitt (jpg-Datei)
	V 5.8 Emotionen im Kontext (4) Bildausschnitt (2) (jpg-Datei)
	V 5.9 Emotionen im Kontext (4) Gesamtbild zur Situation Jungs sehen einen berühmten Fußballer (jpg-Datei)
	V 5.10 Emotionen im Kontext (5) Bildausschnitt (jpg-Datei)
	V 5.11 Emotionen im Kontext (5) Gesamtbild zur Situation Mädchen tratschen über einen Jungen der gequält lächelt (jpg-Datei)

Anwendungs-kontext	Materialien/Vorlagen
	V 5.12 Emotionen im Kontext (6) Bildausschnitt (jpg-Datei)
	V 5.13 Emotionen im Kontext (6) Gesamtbild zur Situation Verzweiflung bei einer Klausur (jpg-Datei)
	V 5.14 Emotionen im Kontext (7) Bildausschnitt (jpg-Datei)
	V 5.15 Emotionen im Kontext (7) Gesamtbild zur Situation Eifersucht (jpg-Datei)
	V 5.16 Emotionen im Kontext (8) Bildausschnitt (jpg-Datei)
	V 5.17 Emotionen im Kontext (8) Gesamtbild zur Situation Anfeuern (jpg-Datei)
	V 5.18 AB Gefühle erkennen (pdf-Datei)
	V 5.19 Emotionskarten für die Übung Schauspieltraining bzw. Modelbauer (pdf-Datei)
	V 5.20 Übung Schauspieltraining (pdf-Datei)
	V 5.21 Schauspieltraining – woran erkenne ich Emotionen? (pdf-Datei)
Termin 6	V 6.1 Bilder Mobbingszenarien (pdf-Datei)
Termin 7	V 7.1 Eckpunkte des Rollenspiels (pdf-Datei)
	V 7.2 rote Stopp – Karten (pdf-Datei)
	V 7.3 Rollenbeschreibungen – mit Kontext (Word-Datei)
	V 7.4 Rollenbeschreibungen – ohne Kontext (pdf-Datei)
	V 7.5 Rollenspielszenario (pdf-Datei)
	V 7.6 Grafik Participant-Role-Ansatz (pdf-Datei)
Termin 8	V 8.1 Beispielhaftes Mobbingszenario (pdf-Datei)
	V 8.2 Filme Links u. Beschreibung (pdf-Datei)
Termin 10	V 10.1 Stimmungsbarometer_Markierungen (pdf-Datei)
	V 10.2 AB Wünscherunde (pdf-Datei)
Termin 12	V 12.1 Fairplayer-Quiz (ppt-Datei)
	V 12.2 Vorbereitung Elternabend Mobbingbarometer (pdf-Datei)

Literaturverzeichnis

Ajzen, I. (1991). The theory of planned behaviour. *Organisational Behavior and Human Decision Processes, 50,* 179–211. https://doi.org/10.1016/0749–5978(91)90020-T

Aronson, J. (Ed.). (2002). Improving academic achievement. *Impact of Psychological factors on Education.* New York: Academic Press.

Auszug aus dem Protokoll im Open Space des Zukunftswerkstatt-Jahrestreffens (2005). *Ideen für schräge Spiele: Kuhstall.* Zugriff am 02.07.2018 unter http://www.zwnetz.de/pages/openspiel-SchraegeSpiele.html

Bosworth, K., u. Judkins, M. (2014). Tapping into the power of school climate to prevent bullying: One application of schoolwide positive behavior interventions and supports. *Theory Into Practice, 53,* 300–307. https://doi.org/10.1080/00405841.2014.947224

Braun, V., u. König, L. (2016). *Entwicklung und Durchführung einer Pilotversion des Präventionsprogramms Fairplayer. Manual* für die 5. und 6. Jahrgangsstufe. Unveröffentlichte Masterarbeit. Berlin: Freie Universität Berlin.

Bundesministerium für Familie, Senioren, Frauen und Jugend (2014). Übereinkommen über die Rechte des Kindes UN-Kinderrechtskonvention im Wortlaut mit Materialien. Zugriff am 23.07.2018 unter https://www.bmfsfj.de/bmfsfj/service/publikationen/uebereinkommen-ueber-die-rechte-des-kindes/86530?view=DEFAULT

Bundeszentrale für politische Bildung (bpb) – Methodendatenbank. *Freeze.* Zugriff am 26.07.2018 unter http://www.bpb.de/lernen/formate/methoden/62269/methodenkoffer-detailansicht?mid=118

Bundeszentrale für politische Bildung (bpb) – Methodendatenbank. *Kugellager (allgemein) in Paaren, Zwiebel (allgemein) in Paaren.* Zugriff am 25.07.2018 unter http://www.bpb.de/lernen/formate/methoden/62269/methodenkoffer-detailansicht?mid=68

Card, J. J., Solomon, J. u. Cunningham, S. D. (2011). How to adapt effective programs for use in new contexts. *Health Promotion Practice, 12,* 25–35. https://doi.org/10.1177/1524839909348592

Caprara, G. V., Barbaranelli, C., Pastorelli, C., Bandura, A., u. Zimbardo, P. G. (2000). Prosocial foundations of children's academic achievement. *Psychological Science, 11,* 302–306. https://doi.org/10.1111/1467–9280.00260

Catalano, R. F., Berglund, M. L., Ryan, J. A., Lonczak, H. S., u. Hawkins, J. D. (2004). Positive youth development in the United States: Research findings on evaluations of positive youth development programs. *The Annals of the American Academy of Political and Social Science, 591,* 98–124. https://doi.org/10.1177/0002716203260102

Choi, J., Johnson, D. W., u. Johnson, R. (2011). Relationships among cooperative learning experiences, social interdependence, children's aggression, victimization, and prosocial behaviors. *Journal of Applied Social Psychology, 41,* 976–1003. https://doi.org/10.1111/j.1559–1816.2011.00744.x

Collaborative for Academic, Social, and Emotional Learning (CASEL). Zugriff am 18.04.2018 unter https://casel.org/core-competencies/

Denham, S. A., Bassett, H. H., Zinsser, K., u. Wyatt, T. M. (2014). How preschoolers' social–emotional learning predicts their early school success: Developing theory-promoting, competency-based assessments. *Infant and Child Development, 23,* 426–454. https://doi.org/10.1002/icd.1840

Duckworth, A. S., u. Seligman, M. E. P. (2005). Self-discipline outdoes IQ in predicting academic performance of adolescents. *Psychological Science, 16,* 939–944. https://doi.org/10.1111/j.1467–9280.2005.01641.x

Durlak, J. A., Weissberg, R. P., Dymnicki, A. B., Taylor, R. D., u. Schellinger, K. B. (2011). The impact of enhancing students' social and emotional learning: A meta-analysis of school-based universal interventions. *Child Development, 82,* 405–432. https://doi.org/10.1111/j.1467–8624.2010.01564.x

Elledge, L. C., Elledge, A. R., Newgent, R. A., u. Cavell, T. A. (2016). Social risk and peer victimization in elementary school children: The protective role of teacher-student relationships. *Journal of Abnormal Child Psychology, 44,* 691–703. https://doi.org/10.1007/s10802–015–0074-z

Emma, A., Hofmann, B., u. Matthes, G. (2007). *Elementares Training bei Kindern mit Lernschwierigkeiten: Kopiervorlagen: Test- und Trainingsverfahren.* Weinheim: Beltz.

Evans, C. B., Fraser, M. W. u. Cotter, K. L. (2014). The effectiveness of school-based bullying prevention programs: A systematic review. *Aggression and Violent Behavior, 19,* 532–544. https://doi.org/10.1016/j.avb.2014.07.004

Farmer, T. W., Lines, M. M., u. Hamm, J. V. (2011). Revealing the invisible hand: The role of teachers in children's peer experiences. *Journal of Applied Developmental Psychology, 32,* 247–256. https://doi.org/10.1016/j.appdev.2011.04.006

Flook, L., Repetti, R. L., u. Ullman, J. B. (2005). Classroom social experiences as predictors of academic performance. *Developmental Psychology, 41,* 319. https://doi.org/10.1037/0012–1649.41.2.319

Harris, J. R. (1995). Where is the child's environment? A group socialization theory of development. *Psychological Review, 102,* 458–489. http://dx.doi.org/10.1037/0033–295X.102.3.458

Horster, D. (Hrsg.). (2008). *Moralentwicklung von Kindern und Jugendlichen.* Wiesbaden: Springer. https:doi.org/10.1007/978–3-531–90720–8

Hymel, S., McClure, R., Miller, M., Shumka, E., u. Trach, J. (2015). Addressing school bullying: Insights from theories of group processes. *Journal of Applied Developmental Psychology, 37,* 16–24. https://doi.org/10.1016/j.appdev.2014.11.008

Kruck, K. B. (2016). *Aktivierungsübungen: Moderationstechniken.* Norderstedt: Books on Demand.

Lernende Region – Netzwerk Köln eV. (2002). Zugriff am 25.07.2018 unter https://www.bildung.koeln.de/imperia/md/content/gesundheitsbuendnis2/quali_modul1/plane_umdrehen.pdf

Maaß, E. u. Ritschl, K. (1997). *Teamgeist. Spiele und Übungen für die Teamentwicklung* (4. Aufl., S. 70). Paderborn: Junfernmann.

Meyer, G., Hermann, A. (2000). Zivilcourage im Alltag. Ergebnisse einer empirischen Studie. *Politik und Zeitgeschichte,* 7–8, 3–13.

Mitsopoulou, E. u. Giovazolias, T. (2015). Personality traits, empathy and bullying behavior: A meta-analytic approach. *Aggression and Violent Behavior, 21*, 61–72. https://doi.org/10.1016/j.avb.2015.01.007

Oldenburg, B., van Duijn, M., Sentse, M., Huitsing, G., van der Ploeg, R., Salmivalli, C., u. Veenstra, R. (2015). Teacher characteristics and peer victimization in elementary schools: A classroom-level perspective. *Journal of Abnormal Child Psychology, 43*, 33–44. https://doi.org/10.1007/s10802–013–9847–4

Olweus, D. (1993). Victimization by peers: Antecedents and long-term outcomes. In K. H. Rubin u. J. B. Asendorpf (Eds.), *Social withdrawal, inhibition, and shyness in childhood* (pp. 315–341). Hillsdale, NJ, US: Lawrence Erlbaum Associates, Inc.

Olweus, D. (2004). *Gewalt in der Schule. Was Lehrer und Eltern wissen sollten – und tun können* (3. Korr. Aufl.). Bern: Huber.

Pahl, A. (2016). Lehrerheft »Kinderrechte – Kinder der Welt«. In Deutsches Komitee für UNICEF (Hrsg.), Kinderrechte – Kinder der Welt (S. 10–33). Zugriff am 23.07.2018. Verfügbar unter https://www.unicef.de/informieren/materialien/lehrerheft-kinderrechte/120830

Pepler, D., Craig, W., O'Connell, P., Jimerson, S. R., Swearer, S. M., u. Espelage, D. L. (2010). Peer processes in bullying: Informing prevention and intervention strategies. In S. R. Jimerson, S. M. Swearer, u. D. L. Espelage (Eds.), *Handbook of bullying in schools: An international perspective* (pp. 469–479). London: Routledge.

Petermann, F., Niebank, K. u. Scheithauer, H. (2004). *Entwicklungswissenschaft*. Heidelberg: Springer.

Portmann, R. (2013). *Die 50 besten Spiele für mehr Sozialkompetenz*. München: Don Bosco Medien.

Rimm-Kaufman, S. E., u. Hulleman, C. S. (2015). Social and emotional learning in elementary school settings: Identifying mechanisms that matter. In J. Durlak u. R. Weissberg (Eds.), *The Handbook of social and emotional learning*, (pp. 151–166). New York: Guilford Press.

Rutter, M., u. Maughan, B. M. P., Ouston, J. u. Smith, A. (1979). *Fifteen thousand hours: Secondary schools and their effects on children*. London, England: Open Books.

Saarni, C., u. Weber, H. (1999). Emotional displays and dissemblance in childhood: Implications for self-presentation. In P. Philippot, R. S. Feldman, u. E. J. Coats (Eds.), *The social context of nonverbal behavior. Studies in emotion and social interaction* (pp. 71–105). New York: Cambridge University Press.

Saarni, C. (2002). Die Entwicklung von emotionaler Kompetenz in Beziehungen. In M. von Salisch (Hrsg.), *Emotionale Kompetenz entwickeln. Grundlagen in der Kindheit und Jugend* (S. 3–30). Stuttgart: Kohlhammer. https://doi.org/10.1024/1010–0652.18.1.63

Salmivalli, C., Lagerspetz, K., Björkqvist, K., Österman u. K., Kaukiainen, A. (1996). Bullying as a group process: Participant Roles and their relations to social status within the group. *Aggressive Behavior, 22*, 1–15. https://doi.org/10.1002/(SICI)1098–2337(1996)22:1<1::AID-AB1>3.0.CO;2-T

Schatz u. Bräutigam (2012). *Locker Bleiben: Sozialtraining für Schüler mit sonderpädagogischem Förderbedarf. Handlungsorientierte Methoden zum Sozialen Lernen und zur Gewaltprävention*. Dortmund: Borgmann Media. Zugriff am 25.07.2018 unter http://www.locker-bleiben-online.de/spielesammlung/71-eierfallmaschine

Scheithauer, H., Braun, V., König, L., Bruckmann, L., u. Warncke, S. (2018). Soziale Kompetenzen im Jugendalter. In B. Gniewosz u. P. Titzmann (Hrsg.), *Handbuch Jugend* (S. 217–236). Stuttgart: Kohlhammer.

Scheithauer, H., Hayer, T. u. Petermann, F. (2003). *Bullying unter Schülern. Erscheinungsformen, Risikobedingungen und Interventionskonzepte*. Göttingen: Hogrefe.

Scheithauer, H., Hess, M., Schultze-Krumbholz, A. u. Bull, H. D. (2012). School-based prevention of bullying and relational aggression in adolescence: The fairplayer.manual. *New Directions for Youth Development, 133*, 55–70. https://doi.org/10.1002/yd.20007

Scheithauer, H., Walcher, A., Warncke, S., Klapprott, F., u. Bull, H.D. (2019). *Fairplayer.Manual – Klasse 7–9: Förderung von sozialen Kompetenzen – Prävention von Mobbing und Schulgewalt. Theorie- und Praxismanual für die Arbeit mit Jugendlichen in Schulklassen* (4. vollst. überarb. u. erweiterte Auflage). Göttingen: Vandenhoeck u. Ruprecht.

Sheeran, P. (2002). Intention-behavior relations: A conceptual and empirical review. *European Review of Social Psychology, 12*, 1–36. https://doi.org/10.1080/14792772143000003

SpieleWiki. Geschicklichkeitsspiele, Gruppendynamische Spiele. Zugriff am 26.07.2018 unter http://www.spielewiki.org/wiki/Kippstuhl

Troop-Gordon, W., u. Ladd, G. W. (2015). Teachers' victimization-related beliefs and strategies: Associations with students' aggressive behavior and peer victimization. *Journal of Abnormal Child Psychology, 43*, 45–60. https://doi.org/10.1007/s10802–013–9840-y

Troop-Gordon, W., u. Quenette, A. (2010). Children's perceptions of their teacher's responses to students' peer harassment: Moderators of victimization-adjustment linkages. *Merrill-Palmer Quarterly, 56*, 333–360. https://doi.org/10.1353/mpq.0.0056

von Marées, N. u. Petermann, F. (2009). Mobbing an Grundschulen: Formen, Geschlechtsunterschiede und psychosoziale Korrelate. *Psychologische Rundschau, 60*, 152–162. https://doi.org/10.1026/0033–3042.60.3.152

Wang, C., Berry, B., u. Swearer, S. M. (2013). The critical role of school climate in effective bullying prevention. *Theory Into Practice, 52*, 296–302. https://doi.org/10.1080/00405841.2013.829735

Warncke, S. u. Scheithauer, H. (2014). Fairplayer.Manual – soziale Kompetenz fördern und Mobbing in der Schulklasse verringern. In W.H. Hönal, D. Graf, u. F. Knoll (Hrsg.), *Handbuch der Schulberatung, 97*, FPM 9, 1–15.

Zins, J. E., u. Elias, M. J. (2007). Social and emotional learning: Promoting the development of all students. *Journal of Educational and Psychological Consultation, 17*, 233–255. https://doi.org/10.1080/10474410701413152